教育の不易と流行

江部満　編集者の歩み

ギネスで世界一に認定された編集長

TOSS編集委員会

学芸を未来に伝える
学芸みらい社
GAKUGEI MIRAISHA

発刊にあたって

教育編集者江部満氏は、二〇一一年九月、ギネスで世界記録に認定された。「現代教育科学」誌編集長としての五十四年の在任が同じ雑誌の編集長世界記録として評価された。

「現代教育科学」誌は、戦後の教育雑誌として、最高の存在であった。多くの教育学者が、この雑誌から、研究者として巣立っていった。登場した研究者の数は、通算六六三号でおよそ二万人である。

戦後登場したたくさんの民間教育団体は、ここから誕生していった。例えば全生研（全国生活指導研究協議会）、例えば文芸研、例えば仮説実験授業。また多くの教育論争の特集が組まれた。例えば、教育界最大最高の論争「出口論争」もここで展開された。

戦後民間教育団体の最後に登場した教育技術法則化運動は、二十一世紀に入って、TOSS（Teacher's Organization of Skill Sharing）として大きく展開した。無料の情報システムTOSSランドは、現在世界最高のポータルサイトになっており、アクセスは、一億件を突破した。毎月、世界七十カ国からアクセスがある。

このTOSSのTOSSランドを準備してきたのも向山洋一、江部満、樋口雅子の「法則化中央企画室」であった。

戦後最高の編集長江部満氏が退任し、戦後最強の教育雑誌「現代教育科学」誌が任務を終えるのを記念して、TOSS中央は、この本を発刊することにした。

二〇一二年三月五日

日本教育技術学会代表　TOSS代表

向山洋一

目次

江部編集長ご退職に寄せて　9

法則化運動中央企画室 55

江部編集長との出会い――私の原点 69

日本の教育を動かす出版

法則化・ＴＯＳＳとの出会い

江部編集長ご退職に寄せて

一冊の本との出会いから、数えきれない人との出会いへ

東京都　千葉雄二

私には五歳離れた兄がいる。なぜか兄弟で教師の道に足を踏み入れた。

私は、高校を卒業した春四月、予備校が決まり、兄に「お勧めの教育書はある？」と尋ねた。

兄は当時、横浜市の職員として働きながら、玉川大学の通信教育で勉強していた。

「向山洋一の『授業の腕をあげる法則』が面白いぞ」

兄はそういって、『授業の腕をあげる法則』と通信講座の『自立への道』という二冊の本を差し出した。（『自立への道』には、お勧めの教育書が載っていた。その中にも『授業の腕をあげる法則』が紹介されていた）。

これが私の明治図書との出会いであり、向山洋一氏との出会いであった。

予備校の休憩時間、『授業の腕をあげる法則』を読んだ。

教師へのあこがれ、向山洋一へのあこがれを強烈に抱いた。

大学四年間の生活よりも、教師生活への夢を見ていた。

この一冊の本との出会いがなければ、今日の楽しい教師生活はなかったであろう。

兄の勧めた一冊の本によって、私は、様々な人と出会うことができた。

勉強のできなかった私は、辛うじて、渋谷にキャンパスのある大学の二部に入学した。

朝九時から夕方五時までバイト。そして、六時から九時半まで授業。おかげで、月に十五万ほど稼いだ。

月に三万から五万、多い時には七万を向山本、明治図書の本につぎ込んだ。

大学生協で注文し、二割引きで買う。それも現金で買わずに金券ショップで図書券にして、さらに安く購入した。たった一人、大学で「隠れ法則化運動？」をしていた。懐かしい思い出である。

大学四年の時、初めて向山洋一氏に言語技術学会で出会う。『授業の腕をあげる法則』にサインをいただく。「この手で跳び箱をとばせたのか？」握手した手の温かさと大きさに感動した。

一冊の本との出会いから、数えきれない人との出会いへつながっていった。そして、さらに出会いが広がり続けている。

「教育新書の一番が、当時無名の向山洋一なんて編集は普通ありえないでしょ」。中央事務局の杉山裕之氏からうかがった。江部編集長の気概がこの教育新書にも詰まっていることを教えていただいた。

大学時代から買いあさった「教育新書」を改めて眺める。

新書ナンバーの、1、11、21、31、41、51、61、71、81、91、１０１、１１１、１２１、１３１、１の数字は、向山洋一氏の著書である。これは江部編集長のこだわりであり、向山洋一氏を売り出す戦略だったに違いない。

『辛口・向山洋一論』の中で、江部編集長は、「私は法則化運動の語り部である。そして、法則化運動の創造者でもある。」と書かれている。

現在のＴＯＳＳがあるのも、向山洋一氏と江部満氏、樋口雅子氏の奇跡的な、いや必然的な出会いのおかげである。その法則化運動からＴＯＳＳへの活動の一端に関わりながら、教師生活が送れる幸せ。本当に心から感謝をしたい。

『授業の腕をあげる法則』は、私にとってこれからも「縁起物」である。

教育界に革命を起こしたプロット審査

神奈川県　谷　和樹

向山洋一氏、樋口雅子氏、そして江部満氏が、前方の机に並んで着席した。

「プロット審査に応募される方は挙手をお願いします」

向山氏が促すと、会場からサッと手が挙がる。

「はい、そこまで。手を挙げた人は前に並んで下さい」

持参したプロットを、最初の人が読み始めた。ものの数秒で向山氏のストップがかかる。

「これはいいですね。シリーズで出版しましょう。江部さん、いかがですか」

「面白いですね。こういった観点は今までにないです」

そうした一部始終を、私はあっけにとられて見ていた。

提案されたプロットを向山氏が見る時間はわずか数秒である。どんなに長くても三十秒はなかったと記憶している。

「はい、わかりました」と言って打ち切られ、向山氏がすぐにコメントを述べる。

「このテーマでは本になりません」

「実践が具体的に描写されていません」

「ポイントが外れています」

まさに魔法をみるようだった。

いいプロットのときには江部氏、樋口氏に意見を求める。

「すぐに出版しましょう」

とその場で刊行が決定する。

一生のうちにたとえ一冊でもいい。自分の実践を本にして出版すること。

一介の教師にとって、それは夢のまた夢だった。

その夢が、目の前で次々に実現していくのである。

向山洋一氏による「論文審査」や「プロット審査」の場面である。

いとも簡単なように見えた。

当時の私には、そうしたプロットや原稿を書くことがどれほど大変であり、高い力量が必要であるのかということは、まだ見えていなかったのだ。しかし、可能性が見えれば、若い教師達は行動する。

「自分にもできそうだ」というハッキリとしたイメージを、向山氏、江部氏、樋口氏は示した。

法則化運動に参加する教師たちは、その後急速に力量をあげる。次々に本を出版し、数多くの提案をしていくようになる。

教育界にいわば革命を起こしていくのである。

それは、本を出版していく手順を根底から変えた。

何年も何年もかけて考えてきた原稿よりも、向山氏がその場で一瞬で判定した結果の方が、明らかに、圧倒的に質が高かったのである。

※　※　※

向山氏が示したような論文審査、プロット審査の力。それを実現させていく編集者。そのような優れた文化を、後に続く私たちが継承し、発展させていかなければならない。

現在の電子書籍の動向も含め、新しい出版の形を考えていくことが必要である。

江部氏の話はまるで現代の教育史のようだ

東京都　新牧賢三郎

「同志諸君！」

の、名調子で始まるセミナーや学会等の懇親会での江部氏のスピーチが興味深かった。「今日は誰が出てくるのだろうか」と興味津々であった。今では本でしか会えない教育者について、江部氏は実際に会って話をしている。一緒に仕事をしている。だから、江部氏の話に出てくる教育者についてのエピソードを聞いていると現代の教育史を学んでいるようであった。

「教室ツーウェイ」誌が創刊されて間もなく、私は編集会議に参加させてもらった。この教室ツーウェイ編集会議での話が実に強い印象を残している。それは、向山洋一氏と江部氏の掛け合いが絶妙なのだ。教育史のキーワードがポンポンと出てくる。「知識は力なり」というフランシス・ベーコンの言葉を「まったくその通りだ」と、思ってしまう場面でもある。

何しろ、江部氏は著名な教育者と実際に会っているのでエピソードがたくさんある。例えば、向山氏の処女作の題名にも取り上げられた斎藤喜博。その斎藤の家に、江部氏は行き、斎藤と話をしている。江部氏がその当時のことを語ると、本でしか知らない斎藤とまったく違う一面が見えてくる。江部氏の語る斎藤は人間臭さをぷんぷんさせている。

大西忠治の話もよく出てくる。大西と向山氏との初めての出会いの日のエピソードは何度聞いてもおもしろい。向山氏と大西との関係は『すぐれた授業への疑い』（向山洋一著　明治図書　絶版）に詳しい。大西忠治はその当時はバリバリの売れっ子教育者であった。その大西に、若き向山氏が論争を挑んだのだ。向山氏はまだ無名だった。羽田の片隅の小学校で教えている一教師であった。江部氏の話から察すると、教育界のスターである大西は若き向山氏を一蹴できると思ったのだろう。ところが、ところがで、ある。

ここでも、実際に会って話をしている江部氏が語るのだから、まるで、映画を見ているようにその情景が浮かぶ。ここでも人間臭い大西忠治が語られるのだ。

斎藤喜博も大西忠治も教育界では大スターである。本を読んで想像する斎藤喜博と大西忠治の印象はどうしてもスマートになってしまう。ところが、江部氏が語る斎藤と大西は大変人間臭い。論争もするが、嫉妬もするし悪口も言う。心の中のドロドロのところを江部氏は語るのだ。その語り方も絶妙なのだ。江部氏はあまり自分の感想を列挙しない。感想よりもエピソードをいくつも語る。エピソードだから、前述したように映像が頭に浮かぶのだ。話がおもしろいのだ。

つまり、江部氏は、教育界の大スターであった斎藤と大西から真実の姿を引っ張りだした。カッコつけて、おすまししていたであろう大スターが、江部氏の前で真実の姿をさらけ出した。そのように仕向けたのが江部氏ではなかったのかと私は推測する。

また、斎藤喜博と大西忠治の両名から興味深い教育者として「向山洋一」という名前があげられたという。教育界の大スターであった斎藤と大西にしても、若き教育者としての向山氏が気になったのだ。とくに、斎藤は直接向山氏と会うことがなかったので、より一層、江部氏から向山氏の情報を得ようとした。このようなエピソードを語る江部氏の話は興味深い。

江部氏は喜怒哀楽がはっきりしている。自分の感情をあまり隠そうとしない。だから、今、どのような感情なのかが拝顔しているとよく分かる。実にストレートで感情を表す。研究会や学会などのスピーチでも感情を抑えず、本音で語る。

これからも、今まで以上に、力強く私たちに「同志諸君！」と本音を語っていただきたい。

ＴＯＳＳ学生を創出した本との出会い

長野県　小嶋悠紀

傷心の十七歳。高校二年の彼が生まれて初めて手に取った教育書。それこそ、『向山洋一全集　荒れたクラスと教師の統率力』であった。

彼は、そこに書かれていることを、高校生に実践していった。

今まで、動かなかった高校生が思うがままに動き出す。その光景を見て感動を覚えた。

やがて彼は大学に進学する。

入学式の日。かばんには、はち切れんばかりの「向山洋一」と書かれた本が詰まっていた。彼はその一冊一冊を同級生に配って歩いた。

そして一ヶ月後。史上初の「ＴＯＳＳ学生サークル」が誕生する。

その彼こそ「小嶋悠紀」であった。


私は初めて向山洋一氏の本を手に取った時のことを今でも覚えている。

「分かりやすく知的ですぐに使える」

当時十七歳の高校生である私が直感的にそう思ったのだ。

うまくいかない生徒会の運営に次々と追試をしていった。

高校生が直感的に理解し、追試できる本の魅力に取りつかれた。親父の部屋にある向山氏の本をすべて読み切った。本を読み登校し、実践し振り返る。その繰り返しを二年間行った。

そして最終的に生徒会は立ち直った。

大学に入り、同級生に勧めても「とても読みやすい」「すごい本があるね」「このような勉強がしたい」

と声をかけてくれる学生が多かった。そして日本で初めての「ＴＯＳＳ学生サークル」が誕生する。

さらにこの流れは、現在、全国規模の模擬授業のインカレを開催する「ＴＯＳＳ学生」の動きに直結している。

千名近い大学生が向山洋一氏の本を読み、授業の腕をあげようと日々切磋琢磨している。

大学一年の時、江部氏にお会いしてお礼を述べた事がある。

「そうですか。若いのに偉いね。向山先生の仕事を背負っていくような勢いのある仕事をしてくださいね」

と声をかけていただいた。

向山先生と共に教育界に様々な提言をし、問題を投げかけてきた江部氏の大きさをその場で感じ取る事ができた。気合いを入れて大学に帰ったことを昨日のように覚えている。

あの時、向山洋一氏の本に出会わなければ、私はＴＯＳＳ自体に参加もしていなかっただろう。もしそうであったらＴＯＳＳ学生も生まれる事はなかっただろう。

「ボスは、本を出版しないといけないんだよ」

岡山県　甲本卓司

同志

江部満氏と最初にお会いしたのは、教育技術法則化運動のセミナーだった。パーティーの席上で、いつも「同志」と声をかけていただいた。

日教組の「戦場に二度と子どもたちをおくるな」というスローガンを考えたのも江部氏である。全生研の初代事務局長も江部氏だ。

そういった教育界の仕掛け人のような存在の大編集長から「同志」と声をかけていただいた。これは、田舎から出てきた小僧には、夢のような話だった。

江部氏の前で授業を何度かさせていただいた。

「良ちゃん」の授業もそうだ。

江部氏は、なかなか褒めてくれない。

「きょうのは、ちょっとね」と言ってもらえればいいほうだ。

いつも、批評に値しないといったところだろうか。私は、いつか江部氏に本気で批評を受けるような授業をしたいと授業づくりに精を出した。

提言集の出版を

江部氏から、出版のお話をいただいた。

私が代表を務めるＴＯＳＳ岡山サークルＭＡＫが全国的なセミナーを開催した年だった。

岡山に全国から六百名を超える先生方が参集してＴＯＳＳの技量検定が日本で最初に行われたセミナー

だ。

その年、江部氏から次のように言われた。

「ボスは、著書をもたなくっちゃあいけない。それも一冊や二冊じゃあダメだぞ」

次にお会いすると必ず、その話になった。

「ボスは、問題提起ができないといけない。すぐに原稿をあげてくれ」


お会いする度に声をかけてくれる。覚えてくれていたのだ。田舎の教師でも声をかけてくれる。実に嬉しかった。また、編集長の仕事を垣間見ることができた。「編集長は、全国の先生をどれだけ知っているかが命なんだよ」。向山洋一氏に教えてもらったことだ。

江部氏のお陰で、私も甲本卓司提言集を十七巻まで出すことができた。

私の実践をまとめたものだ。

中でも『やんちゃに負けない教師の対応力』は、多くの先生が手に取ってくれた。一つの問題提起の書と言える。

江部氏には、多くのことを学んだ。叱咤激励を続けること。全国の教師と話をすること。人に会うことも教師修行であること。

これからも江部満氏に学んでいく。

江部満氏退職記念シンポジウム

教育界の不易と流行

二〇一一年九月十九日　出版クラブ会館にて

師尾

今日は江部編集長のご退職を皆様と一緒にお祝いするとともに、江部編集長の業績に触れ、戦後の教育について学ぶセミナーといたします。

では、不易と流行をテーマに、今から開催いたします。

はじめに向山代表より、挨拶いたします。

第一部　ギネス認定式

向山

北海道から、東北から、九州地方から、たくさんの参加ありがとうございました。我が江部満編集長の退職の記念のパーティーです。

江部さんとは、ずいぶん長い間、法則化運動、TOSSの運動でやっておりまして、これが中央企画室の当時の企画書です。集まって酒を飲んだのではありません（笑）。

それぞれが、ちゃんと企画書を出し、本を出し、様々な形での、多分数千点から一万点を超える本を、世に出してきました。しかも長い間で。

もちろん、文字通りの日本一の編集長です。

この日本一の編集長を、この素晴らしさをどこかの記録にとどめたい。さらに、もしかしたら世界一じゃないか。世界一と言えばギネスです。谷先生に指示をしまして、江部編集長のこれまでの仕事は、世界一に当たるかどうか調べてもらいました。

許先生がそれの応答をやりまして、なんと、ギネス通過しました。（拍手）

われらが、江部満編集長は教育雑誌の編集長で世界一。ギネスに載ります。

その認定式を、今、この場で行います。（拍手）

ギネスジャパンから認定員の方がきております。江部さん、どうぞ。

ショーン・カニーン（ギネス公認認定員）

＊はじめは、英語で話す。以下日本語の部分

みなさんこんにちは。私はショーン・カニーンと申します。

ギネス世界ワールドレコードの公式認定員です。こ

ちらが認定証です。

　こちらは同じ雑誌での編集長として最も長いキャリアの記録です。五十三年と百十二日、とても素晴らしい記録です。

　おめでとうございます。（拍手）

向山
　ここでご挨拶いただくと、声も出ないでしょうから、ゆっくりやっていただいて、後のパーティーの席でご挨拶いただきましょう。

　でも、世界のギネスの中に、江部満の名は、世界一でずっと残るんです。ギネス記録に。

　みなさん立って拍手を。

　おめでとうございます。

（拍手・写真撮影）

　どうもありがとうございました。ご着席ください。

　江部さん、ちゃんと見せてやってください。

　ではみなさん、公式認定員に拍手を。どうもありがとうございました。

ギネス認定員ショーン氏と認定証を受け取る江部編集長。左は明石要一先生・右は樋口雅子編集長・向山洋一先生

対談一　明石要一が聞く「消えた旧文化・しぶとい旧文化——戦い済んで教育情景」

明石
　まず最初に江部さん、おめでとうございます。

江部
　ありがとうございます。

明石
　文化勲章か、ノーベル賞みたいなものだと思っています。
　やはり名を残すというのは大事だなぁと。法則化、ＴＯＳＳの運動の名を残すために、樋口さんはこうやってシンポジウムをしたのだと思います。

江部さんが一番詳しいですから、消えた旧文化としぶとい旧文化があると思うのですけれども。江部さん、法則化、ＴＯＳＳを含めて、その中で、消えた旧文化で、ＴＯＳＳと法則化、問題提起しましたね。

それで、（旧文化は）ダメージを受けたと思うんですけれども、どういう分野が一番ダメージを受けたんですか。

まず大学の研究者についてお聞きしたいんですけど。どういうダメージを受けましたか。

民間の教育団体が元気ありませんよね。

それはやっぱり、法則化とＴＯＳＳの勢いがあったから抵抗勢力の存在が消えたんですかね。

それともまだしぶとく生きているんでしょうかね。

江部

まずは、いったい、教育学部というのは何を教えるところなのかという点です。

教員養成と言いながら、中身があるのか。

そういうすべての問題に、関わってきました。

民教連がだめになったのは、私はやることがないからだと思います。問題提起がなかった。

文部省時代、文科省時代の出てきたものを批判する人って同じことの繰り返しじゃないですか。

そうすると研究体制がなってない。

明石

それはそうですよ。

江部さんと樋口さんに、それを言ってほしかったんですよ。

だから江部さん、樋口さんの役割について、どういう自覚をお持ちか、お聞きしたかったんです。率直にお願いします。

江部

私は、米軍のところに五年四か月もいた男ですから、国語教育こそ日本人の魂を養うと思っています。

言葉だけじゃない。価値目標が大事だ。

そういうことを私の恩師の輿水実《こしみずみのる》、ご存知でしょう――もう亡くなって八年たちますけれども――輿水実先生の著作を読んで、感動しましてね。やはり国語教育は道徳教育も兼ねていると。これこそ輿水理論だなと思いまして、それで、「国語教育」を創刊しました。

明石

江部さんと樋口さんと向山先生が三人で企画室を作られましたよね。

三人が月何回か集まって、ディスカッションして、どうやって若い人にチャンスを与えるとか、こういう出版をお願いしたいとか様々なことをしてましたよね。その辺の位置づけを江部さんにしていただきたい。その企画室の存在というのは極めて大きいと思うんですよ。

その中で江部さんがどういう役割を果たしたのかちょっとお話しいただきたいと思います。

江部 私は、編集の企画者としては落第じゃないかと思っているんですね。どちらかというと自分自身では、やっぱり活動家であると思います。

事実そういう裏付けはいっぱいあります。

むしろそれで樋口さんが明治図書の部長さんとして残りますからようやくこれで本道に入ると、私は思います。

向山先生と会議をもった時には、向山先生は若い人をどんどん起用しようと言ってました。

『既成の人間は、役に立たねぇぞ、数いたって』これはしょっちゅう言われましたね。

まさにその通り。

そして全国にこの、法則化運動が広まりました。

ということは先ほど言った菱村さんが文部省（当時）の初等中等教育局長時代、新聞記者たちってのは法則化運動こそ、教師を鍛えるいい機会だ。文部省は支持する。ということを言ってくれていたんですね。

明石 向山教育講演会を全国展開で、というのは江部さんが仕掛けたと思うんですけど。最初は千葉でやって、山梨とか、全国を廻ったんですね。あのねらいはどこにあったんですかね。

江部 それはやっぱりもう、法則化運動を徹底させるためです。そしてそのことによって、また、地域の若い先生方と接触が持てる、ということをねらいました。

向山 そうですね。

江部 今度、樋口さんの絶大な努力で向山洋一全集が完結します。全百巻ですよね。

個人著作集で、前代未聞じゃないでしょうか。

だから私が今、世界でなんとかランキングなんて言われたけど、それはたまたま雑誌のことなんだけれども、やはり、個人著作が、特に教育で百冊も書けるっていうことは前代未聞だと思いますね。

明石
江部さんは、向山教育講演会仕掛け人であるし、運動を掘り起こす人ですね。そのバックボーンが「現代教育科学」で、毎月問題提起されます。
江部さんもたくさん評価できますけれども、私個人は長く接しさせていただいて、問題提起をして、それを組織的にうまく展開していくという二つの力があったために旧文化が崩壊したかなと、こう思っております。

江部
ありがとうございました。

対談二　向山洋一TOSS代表が聞く「向山洋一・若き獅子群像との出会い」

向山
先ほどは明石先生に教育技術の法則化運動を誕生させてから、旧文化が滅び去っていった、なくなっていったお話を伺いましたが、今度は若き群像との出会いです。ここに昔若き群像がいらっしゃると思いますので法則化運動が誕生したときの若き群像についてご発言ください。
法則化運動に出会ったきっかけ、色々な衝撃、色々な感想があると思いますが、そのときの印象、その他についてどうぞ。

小田原
福岡県の小田原です。跳び箱が全員跳べるなんて思いませんでしたが、やってみたら跳べました。びっくりしました。法則化一年目でした。

松垣
大分県の松垣和年です。論文はとても刺激的であったのですが、本物の向山先生の声を聞いたときに全然イメージが違って本当にすごい人だなと思いました。

槇田
山口県の槇田です。法則化合宿で論文を書いて発表の時、足が震えたということからスタートして、今日まで来ました。その震えを今でも忘れていません。ありがとうございました。

根本
千葉県の根本です。法則化運動と出会いまして、自分でも論文が書けるんだ。雑誌書けるんだ。本が書けるんだ。感動いたしました。

大場

当時、静岡だった大場です。雑誌の、呼びかけ号が出たときに、教育雑誌とは思えませんでした。すごいビジュアルで軽くて誰でも読めるということを忘れられません。

吉川

島根県の吉川です。第二回目の三十代合宿の時、初めて参加しました。その時、向山先生が斎藤喜博を法則化運動の中で読みなさいということをおっしゃっていたのがショックだったし、うれしかったです。その時に、江部編集長と向山先生が何と箸の袋の裏で十冊の本の企画をされていたことが大きなショックでした。

高橋

福井県の高橋です。第一回目の二十代合宿。本当に一匹狼ばかり集まっていたのを向山先生が見事にまとめて、そして、百本の論文をみんなで書きまくりました。

木村

埼玉の木村重夫です。私たちは一人一人違うんです、というあの「ツーウェイ」の雑誌を手にとったときの、自分はまだ何も頼るものがないときにあの冊子を手にとって、これでいこうと思いました。

松藤

大阪の松藤司です。学級経営のプロット審査のときに私たち若い教師にそういうチャンスを与えてくれて、そして実際に書いて、実際に自分の本ができる、その喜び。忘れられません。

平間

宮城の平間です。仙台の熱い合宿にみんな参加しました。全国から段ボール箱をたくさんもって、論文を書いて集まったのが感動的でした。

水野

北海道の水野です。追試という概念がとても衝撃的でした。北海道の片隅にいても、全国の最先端の実践を教室でできるということがすごかったです。

渡辺

神奈川の渡辺です。「ツーウェイ」の呼びかけ号。あのきらびやかなきゃぴきゃぴした感じがとっても素敵で、すぐ箱根の合宿に乗り込みました。ただ、一回目は論文審査を受けられず、二回目で足が震えて論文審査をしてもらったことを覚えています。

板倉

東京の板倉です。チャレラン連盟を立ち上げまして初代の事務局長を担当いたしました。向山先生の代わりにマスコミに引っ張り回されましたが、たくさんの取材を受けて、ほとんどのテレビ局の番組に出ました。出ていないのが二局ぐらいというぐらいに、当時のチャレランの勢いも本当にすばらしかったです。

小森

埼玉県の小森です。法則化論文合宿の時に山積みされた論文を向山先生がとって、「審査受けたい人？」と言われました。私は手を挙げるのにちょっと躊躇したら、そこまでと止まってしまいました。

この次こそと思って、次はぱっと手を挙げて立ったとき、本当に足ががたがた震え、のどがからからでした。

松野

新潟県の松野です。論文審査で、向山先生の読む速さに恐ろしさを感じました。その後自分の文が活字になったときのうれしさは、今でも忘れません。

高山

静岡の高山佳己です。連合雑誌を七、八冊定期購読しました。職員室にどさっと届くそれが毎月毎月楽しみで、そこから情報を得ていました。

八和田

福岡の八和田です。新卒の時に学級運営が全然上手くいかなくて、向山先生の本を布団の中でずっと読んでいました。ずっと憧れてきたのが今の自分の原動力です。

岡

神奈川の岡です。宇佐美先生がこれを読みなさいと渡してくれたのが、『斎藤喜博を追って』でした。法則化合宿で向山先生が「自信のない人からどうぞ」とにこにこされてお話しされたのが印象的でした。

伴

長崎の伴一孝です。二年目で法則化運動に出会いました。それまで教師の仕事に絶望しておりました。毎月発刊される雑誌をむさぼるように読んで、そこから教師としての本当の人生がスタートしました。

新牧

法則化合宿初代事務局長の新牧賢三郎です。第一回の時、樋口さんは来てくれました。でも、江部さんはそのときに、ちょっと……。

向山

来なかった。

新牧　さかんに、樋口さんに電話をかけてきて「どうだった、どうだった」と聞いたそうです。それを今でもよく覚えています。

舘野　東京の舘野です。昭和五十九年の法則化運動立ち上げの時に蒲郡で合宿をしました。そのときみんな反対でしたが、向山先生が一人で「みんなが反対ならば法則化運動をやる」ということで始まりました。そのあと事務局通信を出させていただきました。

甲本　岡山の甲本です。「現代教育科学」で向山先生、そして色々な方との誌上での論争というのがあって、田舎の教師にとっては、それを読むのがワクワク、ドキドキ。毎月出るのを楽しみにしていました。本当に、もう胸がワクワクするような気分じゃなかったかなと思っております。

遠藤　東京の遠藤です。ホテル浦島での二十代合宿で初めて論文審査を受けたときの緊張感、興奮を今でも忘れられません。

田村　岩手の田村です。大学生一年生の時に体育概論で『授業の腕をあげる法則』が必読書でした。その本を読んだときに衝撃を受けて、『授業の原則十ヶ条』、今でも忘れられず、何度も何度も読み返しています。

向山　剣道の先生だ。

田村　はい。

石川　東京の石川です。向山先生のそばで、法則化運動立ち上げの瞬間に居合わせたということを今でも誇りに思っています。自分が最初に書いた論文がゴミの論文だったので、それが見本になってびっくりしました。

向山　このような立ち上げの時の印象ですが、江部さんどうですか。若き群像との出会いは。まったく今までのライターとは違う人と出会ったわけですが。

江部　私は、新しいこれからの日本を創っていく先生たちの書き手が、全国に大勢いるんだということを実感できました。

これはまず、一番の喜びでした。そして、それをどうやって組織化していくか、またそういった人たちをどうやったら応援できるのか、それを絶えず考えていました。

内容的には、多少問題があっても、新しい組織作りのためには、その本がどれだけの役割をもつかを考え、ずいぶん応援させていただきました。

師尾

ちょっと、師尾が代わります。

向山

しゃべりにくくなっちゃって。

＊向山先生、降壇

師尾

江部編集長、向山先生に一番最初に出会ったときの印象っていうのはどうだったのですか。ぜひ、知りたいです。なんか、生意気な男だなーとか。どうだったんでしょうか。

江部

出口論争ご存じですよね。

師尾

はい。

江部

そのときに、電話がかかってきました。それが向山先生との最初の出会いです。

それで、「その出口論争で斎藤喜博の言っていることは間違いだ。それを実践した子どもたちの感想文もあるから後で送るよ」って、言われました。詳しく聞こうとしたら、がちゃって電話を切られちゃった。覚えてないでしょ（笑）。

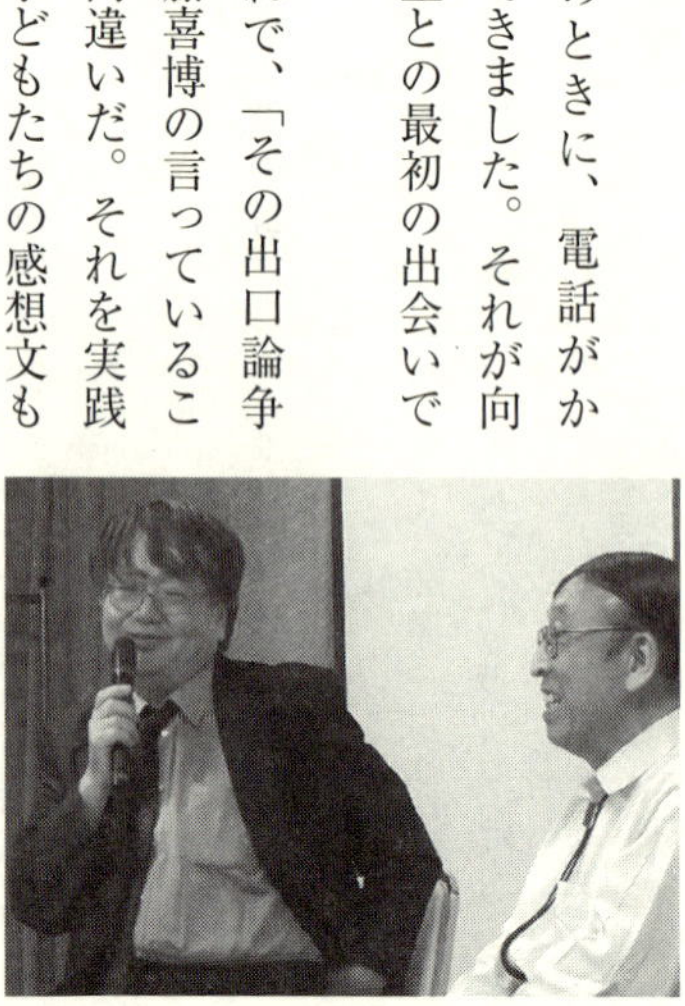

それで、たくさんその論文が届きました。子どもたちの感想文が。出口論争のですね。要するに斎藤喜博の介入はおかしいという、子どもたちの意見です。

先ほど申し上げたとおり、そのことによって江部は反動化したと斎藤喜博に言われたわけですけど、私は出口論争がなかったら、向山洋一先生との出会いはなかったのかなと思うわけです。

これはやっぱり、天のお示し、まさに空前の出会い。そのことに非常に感謝しております。

その後、向山先生は子どもの作文を全部送ってきたんですね。それを見て私がまた無礼なことを申し上げた。電話でね。覚えてないでしょ。

向山　覚えていますよ。「どれだけ手を入れましたか」でしたね。

江部　そう。どれほど手を入れましたかって。大体、子どもの作文ってそういうことが多いですからね。そしたらそれこそ馬鹿野郎って調子で（笑）。

師尾　作品を全部送ってこられたんですよね。

江部　だからびっくりしちゃった。

師尾　で、信じたんですか。

江部　これはすごいって思いましたね。こういう先生がやっぱりいるんだって。

それから編集者として、そのこと自体も知らないでいることが恥ずかしかったですね。

それから、それこそ向山先生、向山先生ってうるさいくらいに追いかけました。向山先生が『斎藤喜博を追って』っていう本を出したということも知りましたね。

そのときに斎藤喜博がどう言ったかっていうと、「俺の名前を騙って、自己宣伝しているんだ」ってこう言ったんです。それで、あ、これで斎藤喜博終わったなって、思いましたね。

師尾　出版のときのことはよくわかりましたが、あの向山先生を一番最初に見たっていうか、お会いになったときって、どんな印象だったんですか。

江部　これはね。皆さん信じられないでしょうけど、立ち話。駅でね。酒も飲まなかった。

樋口　＊座席から　前に飲んでた。

師尾　前に飲んでいらした？　さんざん飲んでいらしたのですか。

江部　いや、飲んでないですよ。

向山　＊座席から　立ち話のときは飲んでいない。

樋口　＊座席から

前にさんざん飲んだから。

向山

中華。

師尾

突っ込みがだいぶ入りましたけど。

江部

いや、それで、向山先生が、自分の実践記録を学年別にやりたいんだって。

向山　＊座席から

違いますよ。江部さんの方から向山先生の本をシリーズで出したいんですけど、っていう風に言われたんです。

江部

最初ね。

向山

最初ね。それで、プロットを送ったらば、最初は分割してたんですよね。跳び箱とね、たしか六冊入っていたんですよ。

それで、「考えさせてください。出すのやめます」っていうようなことを言われたんです。それで、跳び箱だけにしぼって。

江部

問題提起してくるときにはね、最初にあっというようなテーマがいい。

しかも、跳び箱なんて跳ばせられなくったってね、跳べなくったっていいんだよって調子が教育学部にありましたからね。

だから、跳び箱は誰にでも跳ばせられるっていうことを向山先生が問題にしたから、これだと思った。デビュー曲だって思ったんです。

そういうことで、説得したんです。それは、立ち話でした。それで、本が生まれたんです。

師尾

そのときの印象はどうだったんですか。向山先生の最初の印象っていうのが、こう柔らかかったのか、それとも鋭かったのか、その辺をちょっとお聞きしたかったのですが。

江部

ソフトでしたね。

師尾

ソフトでしたか。

江部

意外に書いた本よりも人間的に好きだった。

師尾
非常に納得できますね。本よりお会いした方がソフト。
私も本当に最初そうでした。本を見たときは、どんな恐ろしい方かと思っていましたが、お会いしたら本当にソフトな方ですものね。
だから、本だけを読んでいる方は誤解されているってことがかなり多いっていうことですよね。

江部
向山先生は全国歩いたから、ずいぶん分かってもらえたと思います。続々その後続く若い教師の著作も、ものすごいのもあるし。でも、会ってみると非常に優しい人たち。

師尾
本や原稿で読むのと会うのとでは違うっていうことですね。
普通の本の依頼っていうのは、「こういうもの」っていうのがありますでしょ。
それなのに向山先生には何から何までもう様々なものをご依頼されたっていうのは、何か意図的なものがあるのでしょうか。

向山　＊座席から
試された。
普通、社会科なら社会科の原稿依頼がずっと続くじゃない。社会科がきて、国語がきて、算数がきて、民教連のことについて、あと全然関係ないようなのが四つも五つも次々に送られてくるんだよね。ね、樋口さん。

樋口　＊座席から
はい。

向山　＊座席から
あれは、試していたんでしょうね。あの野郎っていうんで。

樋口　＊座席から
そう。そうですよ。明らかでしたね。なんかねー、つぶしてやろうっていうような。憎たらしいって感じで（笑）。

師尾
真実は、本当につぶしてやろうってお気持ちはあったんでしょうか（笑）。

江部
全くないです。それは、樋口さんじゃないでしょうか（笑）。

師尾
試すってお気持ちも別になかったんですか。ちょっとはありましたか。
江部
試すっていうよりね、とにかくこれだけ自信をもっている人なら何でもやれるんだろうって、どこかにボロがでるかなーって。
師尾
はい。結論が出ました。試していたということで、よくわかりました（笑）。

第二部　シンポジウム「教育界の不易と流行」

登壇者
・江部　満氏（前明治図書編集長）
・明石要一氏（前千葉大教育学部長）
・大森　修氏（長岡造形大学教授）
・司会・進行
　　樋口雅子氏（明治図書編集長）

樋口
大森先生が二年ぐらい前にやめた雑誌があるんですけど、おもしろいんでちょっと読ませていただきます。

学校現場での苦い経験がある。前年度との変更点を明記して提案したときのことである。「教育では不易が大切なのよ」と言われ、前年度のを通すということになった。
また、ある時は前年度と同じでは進歩がないでしょうと言われ、変更されることになった。お分かりだと思う。自分などはないのである。ご都合主義である。これが現場である。

ということで、今でもこれは変わらないじゃないかなと思うんですけど。
大森
全く変わってないと思います。
樋口
じゃ、明石さん。変わらない理由は何ですか。
明石
それが一番、なんていうか生活しやすい。だから、よく体育主任が運動会の企画案を出しますよね。中身は変えなくて、平成二〇一一、十月九日……
樋口
日にちだけ変える。

明石
これも不易ですよね。そういう感じがします。大森先生のご指摘と同じで、変わってないと思います。ただし、校長先生はこの言葉好きですよね。
教育委員会の指導主事も好きなんですよ。「不易と流行」。必ず、文部科学省の学習指導要領を説明する場合に、この二つを組み合わせて使いますね。

江部
私も同感ですが、ただし、やっぱり流行は無視できないっていうのはありますね。
それは出版社の人間の立場だったからそうなんでしょうけれども、私はやっぱり今回の教育基本法を六十年ぶりに変えたことに関連して言いますとね、これやっぱり安部晋三総理大臣の大きな成果ですね。

樋口
ありがとうございました。

それではQ２にいきます。

参加者の中から指名させていただきます。

不易と流行の見分け方、あなたの視点、法則というようなことで紹介していただきたいと思います。

ＴＯＳＳから一時脱退されて、またブーメランのごとく戻られた方が何人か私の記憶の中にあるんだけど、その方から最初に発言いただきたいなと思うんですけど。

最初に若干揺れ動いた時期があった北海道の水野先生。

水野
北海道の場合、組合員が非常にいるんですけれども、組合っていうのは不易の立場ですね。とにかく変わるのが嫌っていうか。小学校の英会話だとか、『こころのノート』。なんか新しいのが来ると全部反対。
それが一つキーになる。そうすると私も管理職ですけれども管理職が正常化しようとすると、流行の立場ですね。
何でも反対されることで衝突するということで、これを何とかしたいなというふうに思っています。

樋口
それでは次に有働英一郎先生お見えになってらっしゃいますか。
よく来て下さったな。というのが率直な感想なんですけど（笑）。
有働先生には言ってないんで突然で申し訳ない。一分間でちょっと、不易と流行を。

例えばＴＯＳＳについて、不易と思われたか流行と思われてるのかとか、そこらへんのことを。

有働

不易というのは子どもの実態、子どもに力をつけるという部分では不易であると思っています。

熊本というところはやっぱりどうしても問題解決学習が主体でして、この前も、うちの校長がこないだ赴任してきましたけども、指導課長でした。

ですから、問題解決なんだとおっしゃっております。必ず問題解決の方法っていうのはまるで子どもが出したように見せればいいのだというふうにおっしゃっておりますんで、それについて今反論しているところですが、なかなかうまくいかないというのが事実です。でも、私は法則化運動、ＴＯＳＳでがんばっているつもりではいます。

樋口

ちょっと途中悩まれているように見えましたが、ありがとうございました。

それでは次に法則化、ＴＯＳＳ一筋の方に、純粋な方にお願いしたいと思います。やんちゃ代表の甲本先生。

甲本

それこそ二十代の時から法則化をやっているんですけれども、変わらないっていうのは子どもの事実で語るっていうことでした。

僕は跳び箱を跳ばせるっていうのがあって、僕、体育だったので、そんなことがあるのか、っていって向山先生の本を読んでやったら、本当に跳んでしまった。それもわずか一時間の間で跳んでしまった。

そのときに、「あ、世の中こんなこと勉強しなきゃだめなんだな」って思った。これだけじゃなくて、やっぱり国語もそうだったし、追試文化ですね。

子どもの変容、子どもが変わる事実っていうのがやっぱりこの中で言ったら不易じゃないかなというふうに思います。

流行の部分で言いますと、今、優等生の谷がやってるようなことが流行じゃないかなというふうに思います（笑）。

樋口

それでは代表も授業がうまいと認める河田先生。

河田

私が教職に就いた時はもう法則化運動というのは三年目、四年目を迎えていたので、私の中では法則化運動が不易というふうに思っていました。

ところが現場に行って法則化運動の話をすると「それは流行なんだ、不易ではない」というふうにお話をうかがっていました。そこで話がつながったのが、皆さんご存じじゃないかもしれませんけど、大山正和の極心会館です。あれは、今までの空手界に問題提起をして新しく変えていった。

それとですね、向山先生がすごくリンクしたので、やっぱり、流行の方がかっこいいなと思って。法則化運動は流行だ。でも今は不易に変わっているなと思います。

樋口 それでは、大森先生コメントがありますか。

大森 今のを聞いてもそうなんだけど、樋口さんの問いに正対をしてないんです。

樋口さんが、それぞれの先生方に求めてるのは「流行と不易を見分けるあなたの指針は何なのですか」ということですよ。

だけど問いに正対するっていうのはこれこそ法則化の不易の部分ですよ。それを、上の方が外すというのは、盛り上げるためとはいえ、ちょっとおしいんじゃないか。

樋口 私が軽く見られてると思って、我慢してたんです。では次は、今度はたぶん正対してくださると思う、東大ご出身の今どき流行らない青白きインテリでいらっしゃる小森先生。

模範解答をお願いいたします。

小森 いや、大森先生のあとで喋るのは本当に大変ですよ。やっぱりあの、流行というのは例えばゆとり教育だとか新しい学力観みたいな言葉が美しいけれども、子どもたちが何ができるようになるのか見えてこないんですね。

しかも、十年後、二十年後にはそれが消えてしまっている。

それが私は始点であると思います。そして、不易の方は例えば、跳び箱を全員跳ばせられる法則性だとか、何ができるようになるとか全員ができるようにするとかね、読み書きそろばんにしろ、全員ができるようにするっていうところが教育では出口だと思っています。

樋口 それでは次に長崎の伴先生。この問いに向山先生だったらなんてお答えになるか。お願いいたします。

伴　向山先生が言っているのが不易で、向山先生が言ってないのが流行であるというように答えていただきたいと思います。

今までの法則化運動、それからTOSSの流れを見てみましても、様々なその時々の流行はありますし、いろんな動きがあったり、反乱分子が生まれたり、そういったことがありましたけれども、私はあくまでも向山先生がおっしゃる通りにやっていくのが向山一門としての責務である、というふうに考えております。

樋口　次に、抜かすと末代まで恨まれそうな槇田先生。お願いします。

槇田　私は指導と支援ということで考えております。

子どもを大事にすると言って支援支援といってそれは流行である。本物ではない。

やはり子どもを指導するということが、不易の中核となる。

それをずっと貫いてきたのが法則化である。というふうに思っております。

樋口　では算数一筋の木村先生。

木村　以前指導主事から学習指導案を学習支援案にしろと言われました。学習指導案は不易、学習支援案は流行だと思いました。

樋口　そのことは結構みなさん記憶に残ってらっしゃるんですね。

それから向山先生の、教生（教育実習生）のときの教え子でした石川先生。

石川　教生はお隣のクラスだったんですけど、間接的な教育実習生でした。だから生き残ったっていうところもある。

やり方はその時々でそれぞれあると思うんですけど、やっぱり法則化運動は子どもに力をつける、子どもを変えるということについての原則はもちろん向山先生がずっとそれを示していただいたので、それがやっぱりどんな時代になってもどんなことが流行してても、やっぱり子どもを変えるっていうことの視点、軸足はずっと変わらないのでそれが不易だというふうに考えます。

樋口　では次に体育の根本先生。お願いします。

根本　私は教育っていうのはやっぱり不易なものがなければいけないと思います。

向山先生の提唱された法則化運動。そこに原理原則があるということを主張されました。

私は子どもの事実と、運動ができるようになるコツを広めていくべきであると思います。そういうことで、ずっと学んでいます。

流行というのは指導要領を見ますと、体づくりの動きが出てきますね。そのあと、基本の運動とかね。基本の運動がなくなって体づくりの運動が出てきました。

それはなぜかというと、社会現象ですね。子どもが運動嫌いになったり、あるいはそれで困っていたり、そういう社会現象を通して、やはり、言葉とかあるいは時代を変えていく。だけれども流れている原理原則は一つ。

それから日本を変えていかないといい教育はできないんじゃないかと考えています。

樋口　さすが優等生ですね。ありがとうございました。

それでは最後の方に、若手の先生に希望あるご発言をいただきます。長谷川博之先生、一言お願いします。

長谷川　日本の教育界の先輩たちがずっと積み上げてきて磨きあげてこられたものが不易。それは変わらない。

そして、流行というのはその時々でいいものももちろんあるんでしょうけれども、花のように散って消えていくのが流行。

教育界でもそういうところが具体的にいろいろあると思うんですけど、そういうふうに見分けを考えました。以上です。

樋口　ＴＯＳＳ開発の教育用語の業界普遍化というのは、どこまでかなうか。「黄金の三日間」というのはかなり普通名詞として使われている気が最近するのですけれど、どういう感想をもつでしょうか。江部さん、一言。

江部　非常にわかりやすくていいのではないですか。「黄金の三日間」ということで、それを大事にしようという。

一つのスローガンが実践に役立つ。そのほかに「集団の統率力」。これが一番欠けているからね。だから、そういうことで、ここに出てくる、「個別評定」、「教育技術」。これは非常にいいと思いますね。

樋口　明石先生どうでしょうか。

明石　はい。私はこの四つある中で、二つは使えると思います。

使えるというのは、教育業界だけではなくて、他の業界でも通用するということ。やっぱり「集団の統率力」というのは、日本の企業も、団体も一番今、江部さんがおっしゃるように足らない。だから、これをどうつけるかというのは教育と共通しているのですね。

四つ目の「教育技術」。これは非常に企業では新鮮味があるのです。「黄金の三日間」とか「個別評定」というのは、ある意味では身内的というか、内向きな言葉だと思うのですけれども、「統率力」とか「教育技術」とか法則化運動などＴＯＳＳが得意な分野をもっと、樋口さんがおっしゃるように固有名詞から普通名詞にしていきたい。

それを何とか不易にしていきたい。今は流行に近いですよね。

＊谷先生が登壇

樋口　そうですね。若干普遍化しつつあるかな。業界の中ではね。教育委員会なんかも「黄金の三日間」を使っていますからね。

明石　それで、（組織が）一番危機感をもっているのは、二番と四番なんですよ。全然集団を束ねていけない。困っているんですよ。そして、「教育技術」が全然伝わっていっていないんですね。それを教育界に期待している。そのへんもぜひＴＯＳＳの皆さんにお願いしたい。

樋口　それはどうしてそうなったのでしょうか。やっぱり戦後教育の個性化ということで、まずくなったということの結果ですかね。

明石　個性化もあるし、組織体が、いわゆる年配者が多くて、若手が少なくて、伝わっていっていない。新潟も伝わっていないんですね。だから、本当に若い人をいじめている。結果的にいじめている。それが一つ。

あとね、やっぱり説得する技術が伝わっていない。

樋口　あー、たしかにね。

明石　だから、ネゴシエーションとか交渉人とかあるじゃないですか。多分教師が一番うまかったんですね。そういう説得する技術があったと思うんだけれど、それが非常に衰退した。

説得の技術とか、そのことを教える技術というのは、これから教師がシニアになったときには、そういう道があると思うんですね。

教育現場の教室を離れたところで、どうやってその「教育技術」を伝えていくかというのは、これはもうやっぱりＴＯＳＳしかないと思うんですね。

樋口　大森先生何か一言ございますでしょうか。

大森　向山先生は「統率」というのはどういうことを言うのかを、初めて教師が分かるように解説をしてくれたんですよね。

むしろ向山先生の解説がなければ、「統率」という言葉は、今のお話のように、警察とか、軍隊用語としてしか、誰も教師はとらえなかったと思うんですね。

それが、そうじゃない。組織であれば、集団を動かすには、必ず「統率力」というのがあると。それがなければ集団は動かないということを教えてくれたのが向山さんだと思うんですね。

だから、向山さんのすごさというのは、一つは心を動かすには「技術」が必要だということを知らしめたこと。

それともう一つは、先生方の集団を、学年集団の建設筋道というんですかね、それらと同じように教師の集団を動かすにも「統率力」というのが必要と知らしめたこと。

同じことが、いろんな組織に実際通じることなんですね。

「統率」という言葉から受けるイメージだとか、情念みたいなものはそれぞれの歩んできた、どんな時代に生きてきたかによって受け止め方の違いはあるにしてもですよ。

いかなる組織であろうとも「統率力」がなければ、動かすことはできない。三、四人や、あるいは十人程度の中で説得力が最も大事で、「統率力」はどっちでもいいんだというような、馬鹿みたいなことを言う人がいますけれども。

そうではなくて、あくまでも、三十五人なら三十五人という集団を動かすときには、という前提で「統率力」と言っているわけです。

そのことを私たちはもっと、あの先生はなぜ学校全体をあんな簡単に動かせるのか、ということについて知らない人たちに教えていかなければならないですね。

例えば、槇田校長が指示を出すと、なぜ子どもたちはパッと話を聞くのかと。そういうふうに、問いかけるべきですね。

「槇田先生は今の話の中で、このような技術を使って統率をしているんだよ」という説明をしてくれる中堅の先生がいないと、そのことが若い人に伝わっていかないのかなと思いますけれど。

樋口

ありがとうございました。谷先生、そういうことでエピソードみたいなものが何かありますか。

谷

ＴＯＳＳが開発した教育用語という観点でいうと、ここに挙げられているものの他にも、最近はもうたくさんあって、「変化のある繰り返し」とか、「局面の限定」とか、「一時に一事」とか、あちこちで聞きますね。

最近特にスタンダード的になってきたと思うのは、「リズムとテンポ」という言葉を指導主事の先生などが盛んにご指導の中でお使いになっていますね。

「もっとリズムとテンポをよくしなければだめだ」というような言い方で。

もう一つは、「ＴＯＳＳランド」という単語で、私はしばしば現場にいるときに、私は情報教育担当でしたので、私のところにそういったＩＣＴの指導員の方がいらっしゃって、「谷先生、ＴＯＳＳランドって知っていますか。これはもうぜひいいから行ってみてください」（会場笑い）。

明石

ほんとに？

谷

はい。それで、「本当ですか。ありがとうございます。」って言います（会場笑い）。

まさか、偉そうに言うわけにもいかず。日本中で、そういう状態になっていると思います。

そういった中で、先ほどからお話が出ているように、向山先生が教育界に持ち込んだ用語、一つひとつに非常に大きなものがありますが、「統率」というのはやっぱりその中でも巨大なことの一つだと思います。教育界の中に「統率」という概念を持ち込んだ人は、それまでにはいなかったと断言できます。

しかも向山先生がそのとき事例に挙げたのは、大橋武夫という軍人の例です。いったん判断を間違えば、たくさんの人の命がなくなっていくという場面で磨かれてきた統率力ということ。教育の場面というのは戦争ではないけれども、でも、基本原理は同じことなのだということをおっしゃられた。

これは、衝撃的なことだったと思います。

もう一つ向山先生が持ち込まれて、それ以前には全

くなかったと思える考え方は「システム」ですね。

要するに有機的なシステムということがあって、それではじめて教育というのが成り立つのだ。そういった考え方、向山先生以前には、そのような言葉で説明をした人は一人もいなかったと思います。

江部編集長退職記念パーティー
第一部　花束・記念品贈呈セレモニー

甲本

江部編集長退職記念セレモニーに入ります。まず、ご挨拶をいただきますが、最初は、仕事人・江部編集長の五十四年ということで、いつもかたわらで見てらっしゃった樋口編集長。まず一言、最初にご発言お願いします。

樋口

江部さんはやっぱり、教育の地雷をあちこちに埋めた人じゃないかなと思っているんです。

不発になった地雷はあるんですけど、向山先生のように、踏んでくれて大爆発した地雷もあるんじゃないかな。

編集者っていうのは、あちこちに地雷を埋めていくような仕事ではないかなと、思っております。

向山先生が、ＴＯＳＳの先生方も、いろんな出会いを作ってこられたのは江部さんだと思うのですけど、その大本の大本は私の事業研究で宇佐美先生をはじめとして作ったということを忘れないでくださいね（笑）。っていうことを申し上げたいと思います。以上です。

甲本　それでは、江部編集長に花束の贈呈がございます。石川裕美先生、よろしくお願いいたします。

石川　昔、本合宿というのがありまして、二泊三日合宿をしました。その時に、一番のメインが江部さんと樋口さんの企画会議だったんですね。

その時に、みんなが一生懸命出した企画をバッサバッサと切ってくださいました。本当にたくさんの勉強をさせていただいたというのがすごく私の中で思い出になっています。

長いこと編集の仕事を本当にお疲れ様でした。それと、活動や、戦い、主張ということをずっと貫いてきたということで、本当にお疲れ様でした。ありがとうございました。

江部　ありがとうございます。

甲本　続きまして、記念品の贈呈がございます。記念品の贈呈は、なぜか河田先生です（会場笑い）。

河田先生、いつも江部編集長に可愛がられていたわけですが、どうぞコメントをひとつ。

河田　江部さんから可愛いがっていただいてもう二十年近くになるんですが、お話を聞いた中で、一番感動したのが法則化運動立ち上げの時のお話です。

法則化運動を立ち上げるということを聞いた時に、先程お話がありました、倉沢先生がすぐ電話してきて、「法則化運動をやるなら、うちのライターは全部引き揚げる。国語教育から」と言った時の、江部さんの返事がカッコイイなぁと。「そうですか。わかりました。お世話になりました」

ですよね？　江部さん。

その時のお話があったから、私達が今ここにこうしていられるのかなという風に思いました。

感謝の意を込めて、プレゼントです！

甲本
これ、河田先生からじゃない。みなさんからのプレゼント！（会場笑い）
河田
みなさん、これ何だと思いますか？
江部
ずいぶん軽いですねぇ。
河田
何だと思いますか？
江部
ちょっとわかんないね。これじゃ軽すぎて。
河田
多分江部さんにピッタリだと思いますけど。
江部
何でしょうね。
河田
歓声が上がるところですからね。おっと！
江部
あら、帽子。
河田
帽子です！　それじゃあ、かぶっていただきましょう。向山先生ともお揃いになっております。
江部
帽子、似合いますか。私は戦闘帽しかかぶったことない（笑）。
ありがとうございました（会場から大きな拍手）。
甲本
それでは、出版目録ということで、向山先生、師尾先生、よろしくお願いいたします。
師尾
目録。本日のシンポジウムを書籍として出版し、贈呈します。
出版目録です。
平成二十三年九月十八日　ＴＯＳＳ代表　向山洋一。
江部満様。
ということで、本になりますので（会場から大きな拍手）。
江部
わかりました。
師尾
書籍出版していただくのが、学芸みらい社です。青木社長一言お願いします。
青木
どうも、おめでとうございました。学芸みらい社の青木と申します。江部さんのこの五十五年、ですね？

江部

五十四年です。

青木

失礼しました。五十四年の歴史とＴＯＳＳのみなさんの歩み、そして今日のシンポジウムを本の形にさせていただくということですので、一生懸命作ります。どうぞよろしくお願いします。

甲本

メッセージカードを贈呈いたします。それでは板倉先生、お願いいたします。

板倉

江部編集長と私は実は、ご縁があります。それは、つい二、三日前、明治図書の社内報を拝見いたしましたときのことです。

どういうわけか私の手元にあるんですが、その社内報の中に、江部編集長の入社以来の歴史がずーっと書かれていました。

その中に、実はその明治図書に入るいきさつがありまして、当時編集長は台東区下谷中学校の先生をされていたんですね。

実はその下谷中学校が今、白陽中学校という学校になっています。つい土曜日に六年生の子ども達を連れて、実はその中学校に訪問に行って、見学してきたところだったんです。そういったことを知りまして、とても縁を感じました。改めて。

それから、もうひとつは江部編集長の奥様が、元々故郷が浅草ということを知りまして、今私も浅草に住んでいる一人として、本当に江部編集長、改めてまたご縁を感じた次第です。

これからもどうか、長生きをして、たくさんお仕事してください。

これが、今ここに参加された方々のメッセージですので、どうか後でまた見てください。ありがとうございました。

甲本

それでは、最後に、江部編集長より一言お願いします。

江部

本日は本当にみなさん、遠路はるばるお見えになった方もおるし、ありがとうございました。本当に嬉しいです。

ただ、私は八十一になりましたけど、まだまだ引き下がりません。

というのは、何回も申し上げますけれども、今度六十年ぶりに教育基本法が改定されました。この眼目は何か。「個人と国家の問題を改めて考えよう」という呼び掛けです。私はやっぱり、国家を抜きに個人はありえない、もちろん個人抜きに国家がありえないと思います。したがって、日本国を立て直すっていうか、安倍晋三が描くように、敗戦後六十年目にして初めて、やっと自分達の国を考える機会をもらったんだと、そのことをみんなで考えようじゃないかというわけですね。私もそう思います。

また、先程申し上げた通り道徳の事案が教科化されます。

その他、いろいろあります。ぜひ、教育基本法をみなさん読み直してもらいたいと思います。

私のために、これだけ地方から大勢の方、お集まりいただきまして、「いやぁ～私、編集やってきて良かったなぁ」って、しみじみ思いました。本当にありがとうございました。

これからも、個人と国家の問題についていろいろ勉強し直す。それから道徳の、戦前の道徳の、今勉強をし直しております。

ということで、まだまだ元気で頑張りたいと思いますので、よろしく支えてください。ありがとうございました。

第二部　参加者のスピーチ

井上

（しげちゃん・腹話術人形）の歌メッセージ

優しさの種を　こころにまいたら　感謝の気持ち生まれたよ　ありがとう

言葉を声にのせて　伝えてみよう　きっと　きっと　笑顔になれる

きっと　きっと　優しくなーれる

涙の種を　心にまいたら　優しい気持ち生まれたよ　ありがとう

思いを声にのせて　伝えてみよう

きっと　きっと　笑顔になれる

きっと　きっと　優しくなれる

大切な江部さんに　江部さんありがとう。

木村

埼玉の木村です。江部さんにいつもお会いする時は固い固い握手をしていただいて、「よう同志」といつも言ってもらえます。力をいただきます。

松崎
　松崎です。今、ＴＯＳＳがまちづくりと観光教育やっていますが、地域、国を愛する子どもを育てていくために、江部さんと同じ思想でこれからも連帯していけると思います。
伊藤
　山梨の伊藤です。学級崩壊して大変な時に、編集長が編集してくださった本で支えていただきました。
荻野
　愛知の荻野です。江部さんのおかげで二冊も編著を出すことができました。実家の両親も本当に喜んでいます。ありがとうございました。
小嶋
　長野の小嶋です。昨日、大学生が百名集まって、全国の教員養成大学の話、先ほど江部さんからありましたけれど、自分が授業力をつけて日本の大学を変えてやるんだ素晴らしい同士の方々がいます。江部さんの志をその人たちと引き継いで、やっていきたいと思います。
千葉
　東京の千葉雄二です。先ほどいませんでした。不易は教育技術、流行は教育技能これをどんどん展開して体系化していきたいと思います。
谷
　教員養成の大学で教えている谷です。先ほどそれがとても情けないというお話を聞きました。変革していくように頑張ります。
八和田
　福岡の八和田です。地方にいたら、どれだけ本の力で自分たちが救われたか今でも思い出します。法則化関係の本は全部初版本でそろえてきました。これからもよろしくお願いします。
手塚
　静岡の手塚です。学級崩壊から救ってくれたのは教育雑誌でした。世界一のギネス認定の場に一緒にいられて幸せです。
間
　新潟の間です。新採の時に「教室ツーウェイ」を見ました。なんとこれは不思議な雑誌なんだろうと思いました。その後、批判する雑誌も出ました。残っているのは何か、それが不易だなと思っております。
小田原
　福岡の小田原です。江部さんから去年頼むと言われたことがあります。日本教育技術学会です。福岡大会一生懸命頑張っています。福岡のメンバーと。

椿原

椿原です。運動と論争が日本の教育を変えていく、そのことを示していただきました。引き継ぎます。

平松

愛知の平松です。いつも会うたびに「よっ、元気。頑張ってるか。」と声をかけていただいて、こちらの方が元気をいただきました。

松野

新潟の松野です。いつも、高い志を持てと励まされました。これからもがんばります。

小森

埼玉の小森です。本当に江部さんと明治図書があったから今の私があると思っています。江部さんから原稿督促の話が来なくなるのが寂しいですが。

松垣

大分の松垣です。もし、江部編集長がいなかったら私は今頃たぶん家でDVDを見て寝転がっていたと思います。

並木

千葉の並木です。江部編集長の「こんばんは、同志の皆さん」というその第一声が大好きでした。運動家だとおっしゃっていました。本当に素晴らしい運動家だと私は思っています。それを受け継ぎたいと思っています。

上木

福井の上木です。江部編集長にサークル通信を送りますと必ず返事のハガキが来ます。届いたそのハガキは今も大事に残っています。

兼田

茨城の兼田です。サークルに入った次の日にサークルで本を出すということになり、私が書くんだなんて思っていなかったのですが、書くことができました。それから、力なき私にもたくさんの執筆の機会をいただきましてありがとうございました。

松藤

大阪の松藤です。江部編集長に出会って一冊の本を出すことができました。そして、今まで二十冊の本を出すことができました。

田村

岩手の田村です。会うたびにいつも握手いただきました。ありがとうございました。岩手は今震災で大変ですが、子ども達の事実を元に復興にサークル員一同励んでまいります。

井戸

愛知の井戸沙織です。セミナーで模擬授業をした後うまくいかず落ち込んでいた時に、懇親会で江部さんが井戸さんを呼んでいるということを聞きました。ドキドキしながら行ったところ、江部さんが「授業上手だね」って言ってくださったことがすごくうれしくて、今も頑張っています。教師修業にこれからも励みます。

杉山

ブーメランの人、静岡の杉山です。「同志の皆さん」という言葉が、本当にずっとずっと聞きたい言葉です。「法則化」始まってからずーっと、ずーっと一緒にやってこれて幸せです。これからもお元気で。

木村

愛知の木村理子です。勤務校の先生の机の上に「ツーウェイ」そしてＴＯＳＳ、明治図書の本がいっぱい置かれています。私を含めとても恩恵を受けていると思っております。

桜木

東京の桜木です。二十五年前の新採（新卒採用）の時から、連合雑誌全部読んでいました。私は、江部さんの編集後記が大好きでした。同志の一人として志を引き継ぎます。

松本

栃木の松本菜月です。初めて明治図書の原稿に名前が載った時、親にプレゼントしたらものすごく喜んでくれました。江部編集長のおかげです。

群司

茨城の群司です。新採の時に「教室ツーウェイ」に出会いました。今は出会う新採やサークルの仲間に配っております。輪が広がるように頑張ります。

松本

栃木の松本一樹です。新採五年目でサークルの編著に関わることができました。自分のような若い者の原稿が本に載ったということがとても印象的でした。

渡辺

神奈川の渡辺です。法則化運動が始まった当時の連合雑誌を本当に楽しみにしていて、届くのが本当に楽しみでした。あのドキドキ感、それは江部さんが示してくれた日本人の誇り、美しさを守ること、それを受け継いでいきたいと思っています。

雨宮

山梨の雨宮です。パーティーで会うたびに江部さんに「同志」といって握手をしていただきました。初めて本を書いた時にも、自分の書いた本を出せるのはすごいでしょ、よかったでしょという声をかけていただきました。

平間

宮城の平間です。宮城の先生たちも沢山原稿を書かせていただきました。力があるから原稿を書くんじゃなくて、力を付けるために原稿を書くんだと教えられました。

山口

栃木の山口です。自分の原稿が本に載って、そして本屋に並ぶなんて信じられませんでした。

奥

大阪の奥です。サークル冊子をお送りするといつもご丁寧なおハガキをいただきました。大変御達筆なので、サークルのみんなで何て書いてあるのかなと、そして、いつも稚拙な原稿でしたけれども褒めて育てていただきました。

吉田

福井の吉田です。私は今、教頭の立場を借りて明治図書の本をごっそり買って、若い先生に本を読め、本を読めと勧めております。これからももっと、本を読む教師を育てていきたいと思います。

坂本

茨城の坂本です。役に立たない中学高校用の雑誌を読んで失望しておりました。そこに、明治図書の本があってよかったです。

高山

静岡の高山佳巳です。雑誌原稿は百八十七本、それから単著を三冊出させていただきました。一教師に光を当ててくださいました。足下の実践をこれからも見直していきたいと思います。

溝端

兵庫の溝端です。今まで読んだ教育書は、どれも使えなかったんです。だけども明治図書の教育書に出会って本当に楽しくて、それから楽しい教師修業が始まりました。今までお世話になりました。

大場

東京の大場です。昨日神奈川の浅川先生と会ってきました。浅川先生と相模原サークルの仲間、それから自分自身も本が出せたことが本当にうれしかったと何度も何度も話しました。

新牧

東京の新牧です。「ツーウェイ」編集会議の時で、江部さんを中心にしたいろいろな教育者、教育史が語られるのが非常に楽しかったです。高度の勉強をしているなというように思いました。

遠藤

東京の遠藤です。初めて原稿を書かせていただいて、初めて江部編集長にお会いした時に、名前を告げるといい原稿でしたよと言ってくださったことがとてもうれしかったです。まだ無名の教師のことをちゃんと覚えて下さったということが感激でした。

佐々木

東京の佐々木です。サークルにやって来る多くの仲間が本屋に行って、ＴＯＳＳの本、明治図書の本に出会ってやってきます。そういった縁を作ってくださってありがとうございました。

舘野

東京の舘野です。江部さんのおかげで本を出させていただきました。ありがとうございました。

事務局通信を出していて、その事務局通信の誤字脱字を、江部さんに指摘されて、じゃ江部さんも出したらって言ったら、編集者通信を出して、それは活字なんですよね。だから、誤字脱字はないわけで、もっと続けて欲しいなと思いました。

槇田

山口の槇田です。続けると本物になる。本物は続くということを、江部さんから本当に事実で示していただきました。

「同志」だという言葉を何回も聞いて、校長生活十二年間の最後で二月十七日に江部さんをお迎えして公開研をしたいと、実際に決定しましたので、ぜひ皆さんお越しください。本当にありがとうございました。

根本

千葉の根本です。江部編集長からは、「たのしい体育の授業」の編集を仰せつかりました。おかげさまでＴＯＳＳ体育を日本に広める事ができました。これからまた、頑張って日本の体育を作っていきたいと思っています。どうも、ありがとうございました。

吉川

島根の吉川です。法則化運動の時、それからＴＯＳＳ島根をだいぶかわいがっていただきました。私も来年六十歳になりますが、江部さんのようにエネルギッシュな六十代、七十代を過ごします。ありがとうございました。

泉田

岩手の泉田です。江部編集長の熱い志を引き継ぎ、岩手の復興に頑張ります。

桑原

茨城の桑原です。サークル冊子を田舎で作って、お送りしたのが、特集名も具体的に書かれて、これはとってもいいことだから冊子にしてくださいと、会ったこともないのにハガキをわざわざいただきました。本当にそういうところから、われわれ力づけられていったのだなと思いました。

守田

熊本の守田です。日本のどこにいても頑張っていればチャンスがあるという希望を持たせていただいたことに本当に感謝しています。ありがとうございます。

田上

北海道の田上です。本当に名もなき地方の一サークルの人たちに光を与えてくださいました。そのおかげで、本を出すことができました。これからもがんばります。

向山

これが「編集者通信」で、こんなぎっしり感で、四ページもあります。

そしてこれは何号かといいますと、七十二号です。

編集者っていうので江部さんは大編集長ですけれども、二十年くらい前、私は弟子入りをしました。江部さんは生涯で二人の弟子をとりました。

一人が私の姉弟子、樋口さんです。私が二番目の向山です。

それで、明治図書の編集者も来てますけれども、明治図書と仕事したんじゃないんですよ。そこを間違えちゃうとね、私仕事しません。

これだけの努力をして、次々企画をだして、通信を発行して、そういった編集者と仕事をするんです。

江部さん、樋口さんと一緒に仕事をやっていく中で、ちゃんとした形で編集者としてやっていくなら、ライターと編集者、五分と五分ですからね。

そういったふうになってくださいね。

明治図書・矢口

明治図書の編集部の矢口といいます。編集部に来て五年になるんですが、上司の樋口から、仕事の仕方がちょっと小さくまとまっているんじゃないかということで、またここにつれてきてもらったのですが、たくさんのエネルギーをもって仕事されている先生方とお会いすることができて、すごくうれしく思っています。

向山先生が先ほどおっしゃっていたことがすごく響きました。明治図書の仕事をしているのではないんだと。

編集者と対等な関係で仕事をしているんだということがすごく突き刺さりまして、やっぱり自分から発信ができる編集者にこれからならなきゃいけないなと。

明治図書・茅野

私は茅野と申します。よろしくお願いします。

ずっと、江部編集長のお世話になっていて、ずっと鍛えられていました。学校マネジメントだとか向山型国語とかいろんな雑誌で、先生方とメールではやりとりさせていただいているかとは思うのですが。今は、社会科教育を担当しております。

自分自身はまだ矢口と同じで、五年の編集歴なんですが、これからですね、たくさんいい本つくって、江部編集長のように先生方に集まっていただけるように、いつか、あと五十年後くらいまでがんばりたいと思います。

今日はありがとうございました。

締めのあいさつ
世界に通用する今後の人材育成・ギネス記録の秘話

大森

江部先生が多大な功績を残して、一旦身を引かれると。その後も、私たちＴＯＳＳの応援団でいてくださるということを表明されています。

だから私どもはそのような応援団、後々もずっとＴＯＳＳの応援団でいてくださるようにしたい。

そして、「さすが、私が応援しただけの集団だ。そういう人たちが今の新しい教育を創りだしている。やっぱり応援してよかったよな」と言っていただける集団にさらに精進して、頑張っていきたいと思います。

賛成ですよね？（会場拍手）

江部先生、今後ともよろしくお願いいたします。

明石

大森先生が言われたように、今、非常に教育界は元気がない！　残念ながら。

今日本当は、樋口さんが用意した10番目のQ、みなさん、覚えていますか。教育の液状化現象。

ＴＯＳＳだけ頑張ってても、敵が見えないからＴＯＳＳもだめ。失礼。やっぱり向こうが頑張ってくれないと、うちもだめ。

ぜひお願いしたいのが、世界に通用する人を育てましょうよ。もう、TOSSしかないということ。

本当に向山先生は幅広いから、グローバルで世界に通用する子ども達を十二年間かけて育てたい。学校教育の可能性がどこまであるか挑戦したい。これができるのは、TOSSしかない。

江部さんも応援してくれる。あとは、樋口さんが応援してくれる。

そういう、向山先生がおっしゃった、一人一人のネットワークで頑張っていきましょう！

江部さん、おめでとうございます！

師尾
今日はありがとうございました。

この会は、飲み会で決まりました（会場笑い）。

それで、江部編集長の業績をなんとか残したいということが決まって、今日に至りました。

私、国語教育の連載を、女性では初めて「イソップ」でさせてもらうことができて、本当にたくさんたくさん勉強の場をいただきました。

私はTOSSに入る前は、普通に一般の教師で、その普通の教師が本を出すなんていうのは、ありえないことでした。

だから、こうした場で学びをさせてもらって、そしてこんな素敵な会に一緒にいられることができて、幸せです。

江部編集長、本当に多くの学びの機会をありがとうございました。

向山
明石先生が人材育成のことを言いましたけど、一週間前、阪神大震災後の復興をご指導された小澤さん、建設省の元技官の方たちと都市計画づくりについて話し合って、東日本大震災、あれを専門家中の専門家から見て、「全部完成させるには二十年かかる」と、その場で言っていました。

二十年後、東日本大震災を完全に復興させる人材の育成。それは今からだ。小学生のときからだ。

長期にわたる教育の基本的な「郷土を愛し……」など様々なことを、小学生のときから「まちづくり」その他に参加する。その一つの例として、「花いっぱい運動」がある。校内だけでなく、町にまで繰り出していく。

もしくは、東日本の被災地で小学校の低学年が「花いっぱい運動」をやって、育った花を「どうぞ、ご自由にお持ちください」という形は、それもまちづくりへの一つの参加と考えます。そういう形の人材育成をしていこうと思いました。
そして、江部さんのギネス。
スポーツマンならイチローとかいろんな人たちがいますが、日本人でどのくらいの人たちが、ギネスをとったと思いますか。
（間）
江部さんで、五番目です！（会場拍手喝采）
日本で五番目です！
すばらしい会をありがとうございました！
樋口
向山先生に私から。こういう会をやっていただいてありがとうございます。（樋口編集長から向山先生に花束贈呈）
根本
それではみなさん、一本締めで！　よー、（パン）。
ありがとうございました。

法則化運動中央企画室

法則化運動中央企画室

一九八九年　江部満氏の講演より

一　教師と教育書

年々、書店にやってくる先生方が、減りぎみです。それは書籍に魅力がなくなってきているのか、あるいは教育書に対する期待がなくなったのか、いろいろ原因はあると思いますが、どうも教育書を読もうという意欲が、下降線をたどっています。これは宣伝活動の未熟さが伴っているのだと思いますが、やはり書籍そのものの内容が伴っていない。だから、一回読んで、その次には、教育書を読もうという気がしなくなってきたという原因を、各出版社のわれわれ編集者がつくってきたのではないかとの反省があります。

法則化運動というのが、去年の七月に発足し、第一期の教育技術の法則化が発表されました。それが爆発的に人気が出てきたのが影響したと思いますが、それによって今年あたりは、若い先生が各書店に多くやってきたという現象があります。

正直、法則化運動のような軽いハウツウもので勉強して、それにもの足らなくなって、次に理論書を求める教師が、どの程度いるでしょう。つまりハウツウものだけで終わってしまうのかどうか。しかし、少し先の長い話ですが、私は十年後には、またきちんとしたものが出てくるだろうと思います。つまり若い人がなぜこういうハウツウものに飛びつくかというと、これはまたいろいろ分析ができます。

教員養成大学で、御存知のように、ここに御出席の皆さん、学生の方との接触が多いと思いますが、四年間で卒業して、学校に入れば、もう一人前の教師です。あなたはまだ新卒で、半人前という形にはなりません。ですから、いきなり学級担任になります。なにがいいかというと、若さが売りものです。子どもと一緒に遊んで、楽しくやっているうちはまだいいのですが、それだけではまずいとか、あるいは教室で子どもが騒いで、それを静粛にすることが、いくらやってもできない。最後は怒鳴る、殴るということを繰り返すことになります。おそらく教職について、そういうことでは絶望していくのではないでしょうか。職場が、悩んでいる教師に対して支える職場ではないということです。今度それを「左」の人は、すぐ管理体制の強化だとかいいますが、いま宿直も外に頼んで、宿直をやる学校はありません。昔、戦前だと、宿直室で一杯やりながら、先輩の教師が若い教師に教えていたのです。若い教師の悩みがあれば、その悩みを聞いてやる、あるいはこんな本を読んだほうがいいだろうとか、そういう専門的な指導もやったし、人間の悩みに対するカウンセリングみたいなものもやっていたのです。ところが、最近は宿直もない、大体職員室に戻りたがらないというか、子どもと接触したいということもありまして、教室に残る教師も多いんです。あるいは職場で組合と非組とに分かれているとか、いろいろあって、なかなか自分の悩みを訴えられない。そういうこともあって、もんもんとする。それがノイローゼになり、高じて自殺。

私も明治図書に入る前に、三年ばかり教師の経験があります。中学生でも、騒いでいるのを静める力はなかったのです。要するに技術がないわけです。ところが、先輩教師が、後ろに立つだけで静かになるんです。それはもちろんその人の内容的な力があったと思うのですが、私のほうは内容的な力がないから、生徒がバカにする。なめるわけです。なめるから、いくら怒鳴ったってダメです。あるいはうるさいのを廊下へ出したって、廊下で騒いでいます。

二　教育書と指導要領

最近の教育書というのは、先程売れなくなったといいましたが、どういう形で左右されているのかというと、御存知のように、昭和二十六年の新教育に対応する指導要領ができて以来、十年ごとに改訂があり、この前は、昭和五十二年ですから、六十二年、来年が本当は指導要領を改訂する時期なのです。ところが、臨教審というのが、強引につくられましたから、それができたために、改訂がずっと先に延び、約五〜六年延びたわけです。これからそういうスケジュールになります。十年ごとに、われわれの立場からいくと、息をつくのです。つまり指導要領が変わると、その前から教育委員会を中心にして、教師の再教育が始ります。今度はこういうふうに変わりますというテキストが必要になるわけです。まず、指導者層、指導主事とか、あるいは教務主任、研究主任、そういう層に向けた解説書が、うちあたりでは一番先に出ます。それを、そういう人達が読んで、今度は若い人に教えていくわけです。

そうすると、講習会が終わったあと、大体二年ぐらいの差で、新しい教科書が出ますから、それについての指導書みたいなものが要求され、そういうものをつくるわけです。

つくったあと、読んでみて、読まれた方達が、どうも指導要領だけの解説書では物足らなくなります。そうすると、ある部分でその時期に、例えば五十二年では、国語教育が大きく変わったわけですが、それまで、読む、書く、話す、聞くという四つの活動だったものが、要するに文法、言語事項というものと、表現、理解というふうに、大きく変わるわけです。出版社にとっては、これはものすごいチャンスです。

つまり今まで、電話のかけ方を教える場合、何度も子供に活動をさせる。活字を読むだけじゃなくて、それについて討論させる。活動だけでやっていたのが、五十二年の改訂では、例えば作文を書く力をつけるためには、どういう教材で教えて、それが作文を書く力に発展させるかということで、細かな指導課程が必要になってきます。今までそういう本はありませんでしたから、そういう解説を出すと、ものすごく売れます。つまり指導要領で大きく変わった領域というのは、御存知と思いますけれど、その前の四十三年の数学教育の現代化ということで、あのときは、現代化などというのは知らなかったわけですが、どういうことかということで、文部省を中心にした指導要領の解説書がものすごく売れたわけです。

研究する時には、新しいものを生み出さなければならないので、いままで出ている本、仮に十冊あれば十冊、ひと通り読んで、その中のさわりを集めて、また自分達で研究するという形をとるのです。

三　教育出版社の不易と流行

教育専門出版社というのは倉庫業なんです。大きな財産というのは倉庫だけです。うちでも、川口にコンピュータ操作の大きい倉庫があります。自動車の新製品を倉庫に入れることと同じで、本にかえただけなのです。そういう倉庫です。

そういう形で、例えば年間に十冊ぐらいしか出ない本の場合でも、たえず注文品をそろえておくのです。そういうものは、もうやりきれなくなりまして、この間、倉庫に入って、数千点を断裁しました。その時に、一点、一点、思い出があるのです。年間に五冊だから、切り捨てたのですが、とにかく専門出版社は倉庫業みたいなものです。

そんな状況で、教育は不易な問題だというが、とても不易ではなくて、たえず流行に左右されている。教育出版社は、たえずその時の文部省の動向を注視して、その結果をいち早くとらえて報道し、資料、データを出していくのです。そういうのが、一つの役割なんです。また、それが販売に大きくつながっていきます。

ですから、これからの教育出版社は、明治図書も含めて、二十数社はすべて文部省の改訂の動きに即して、いろんな形の出版物が出ると思うのです。これは逆に言うと、生協の書籍部においても、大学の先生もそれに当然関心をもつわけです。

教育関係の出版社というのは、時の流れに左右されやすいのです。それをいかに先取りしたかということで、勝敗は決まります。

同時に、そういう時の流れを解説したものというのは、大体数が増えるのです。五十二年の改訂の時には、五社ぐらいの解説書が出ましたが、全部成功しています。

四　法則化サークル発足

今年（一九八九〈平成元〉）年八月、旭川市で、六回目の向山講演会をやりました。会場が狭くて、超満員で二百人ちょっと超すぐらい、百五十人ぐらいの会場にです。前のほうにじゅうたんを敷いて、座り込んでやりましたが、その時に、教育大旭川分校の学生さんがかなり参加しました。そこで、法則化のサークルが生まれました。

今各地にサークルが生まれています。毎月二十三件ずつ生まれてくる勢いで、各地に百六十ぐらい生まれています。できないところは、沖縄県と佐賀県と茨城県、この三つぐらいになりました。なんでサークルを進めているのかというと、実は今日から法則化の本合宿というのが、箱根湯本であります。参加資格は、年齢は関係ないのですが、論文、実践記録を三本持ってくることと、それとコピーを二百二十（参加定員二百人分と事務局の分）持ってくる。中心は、向山さんとその他の中央サークル、要するに京浜教育サークルのリーダーシップをとっている人たちなんです。

何をやるかというと、二泊三日で、まず、開会式がありまして、各地の状況を説明、そして、直ちに論文審査。二百人のレポートを一人あたり最低三本でしょう。ところが、一人で百本書いてくる人もいるわけです。すごいです。それがみんな二十代です。新卒二～三年目の教師。もちろん中には、三十代、最近は五十代もいます。みんな論文を書いてくる。

五　法則化論文

論文も、最近は様式が決まっています。書式がありまして、大体原稿用紙に、四百字詰めにしますと、十枚以内です。その日はその場で審査できませんから。最初に自信のない人と言うと、手が挙がり、自信のない人から審査をします。手を挙げた人は、二百人のうち一割ぐらい。前に出てきて、マイクの前で朗読するわけです。みんなコピーがあるわけですから、論文を全員見ているのです。

全部応募原稿なのです。今年は、参加者と投稿を含めて、三千本あります。これを毎日十二冊から十五冊なんですけれど、今度は、三十冊ぐらいにしないと出せないのではないのでしょうか。つまり、年々質が上がっていくわけです。

最初の第一期のときには質が低かったのですが、このように、書いた人は一年で急成長しています。つまり一年やって、すぐ単行本を出した人もいるわけです。

そうすると、批判する人は、本を書くためにやっているのかということになるのです。毎日新聞の記者がそれを取材にきてビックリしました。うちの記者の修業にはもってこいだというので、今度、派遣すると言っていましたけれどね。そのくらい、論文が中心です。

そこで、いろいろなアイデアが出てくると、このアイデアを早速教室で使いたい人、というとパッと手が挙がるんです。ほとんどの人が手を挙げると、これは、共通の面白いアイデアとして、使えるわけです。例えばプールで波を作る方法。わずか、半ページのこんなものですけれど、全員手をつないで、十列ぐらいにして、一往復、二往復すると、波ができます。波をつくるプールがありますが、普通の学校にはないですから、このように波を作る方法に全員の手が挙がり、これは合格です。

それから教室をきれいにすること。これは、有名な実践ですが、ゴミの拾い方。目標、時間を与えます。今から三分間で、ゴミを一人十個。そうすると、子どもは夢中になるわけです。低学年では、ゴミ十個ないよって泣きだす子も出る。今までの教室をきれいにしなさいというだけじゃダメなんです。時間と目標を与えるとできるのです。ゴミの拾い方なんていうのは、先輩は教えてくれません。石川裕美さんという女の先生ですが、ゴミの石川というので有名なんです。全国でみんなやっていますから。それは、真似るというのではなくて、追試というのです。そこへいくと、あっ、ゴミの石川先生だって、必ずこうなるわけです。

六　教育技術の共有化

教師というのは、子どもの人間形成を大事にすることじゃないか。教師は魂の技師ではないか。それをゴミの拾い方から始まって、廊下の歩き方など若い人はみんな、先輩の技術を盗む。技術というのは盗んで学ぶと、その人のものでしょう。それを、この運動は、みんなのものにしようというわけです。だから、全国から参加者が多ければ多いほどいいわけです。要するにどこかで先輩の優れた技術を盗んで来なさい。それを追試という形で書いてきなさい。要するに最初は物真似でいいのではないか。誰だってそうです、猿真似という言葉がある通り、誰だって最初は真似するんだ。成長にとって、真似は大事だ。それを今までは恥ずかしいといわれていました。一人前扱いされているから、先輩に聞けないわけです。それがどんどん出てくるわけです。だから、そういう形で、その技術がどんどん出てきて、それをみんなの共有財産にしようというわけです。ですから、新卒の先生にとっては非常にありがたい運動になっています。

それには、あまり高い本じゃ売れない。それでこういうふうに別冊にしていくのです。同じ分冊のなかで、バラ売りで第一期は二十二万部ぐらい。アンバランスがありまして、学級経営とか、例えば漢字の指導とか、そういう弱い部分のところが一番売れます。例えば、新卒教師で一番大事なのは、四十五人の子どもの名前をどうやって覚えるか。一番早いのは、一日で覚えてしまうという本があるらしいのです。けれども、大体一週間かかるわけです。なかなか覚えられなくて、いつまでも机の上に書いておいて、こうやっているのでは、大体子どもが教師をバカにします。逆に子どものほうは、自分のことを問題にしてないのではないかなということになってくるわけです。それでは、ダメなんです。ですから、やはり短時間で、学級の子どもの名前を覚える法というと、いろいろな方法があります。

それから、体育館に集まった千人ぐらいの子ども全体、一年生から六年生までをどうやって静かにさせるか。それは、そばの子どもだけ聞こえるように、コソコソといっていると、次の子がなにをいっているのだろうとなります。そうすると、後ろもまたなにかいっているようだなと、何も怒鳴らなくても静かになる。

もう一つは、前で体操をして、黙ってやっているると、何か先生やっているから、前の子が真似る、だんだんやるとか、そういうのが出ています。そういうふうに、集団を動かす方法なんていうのも、大学で教えていません。「うるさい」「黙れ」「その列、曲がっているぞ」とか、しようがないから出ていって、こうやるとか、今度は何年何組のとこはダメだとか評価するわけです。そうすると、いまの子どもは逆に反発してきます。怒鳴りちらして、力で静かにさせるとか、それはもう通じなくなってきました。なんにも労せずしてできるという方法とか、そういうのが入ってくるわけです。

簡単にいいますと、そんなところです。だから、そういうなかで、法則化運動というのが、若い人の支持を得たということです。

七　教育技術の法則化運動と解散

自分でものを書くということは、なかなか機会がありません。電話の発達で手紙を書かなくなりました。ですから、ものを書いて、文字からくるものはなにかというと、まず考えます。考えた結果が大したことなければ、また考えます。だから、原稿を書きながら、子どもが見えてくるし、授業の質も見えてくる。そういう一挙両得のいい影響をもたらすのです。ところが、ものを書くのがつらい人は、やはり脱落していきます。参加資格が論文三本ですから。論文を持参しなければダメだとなると、ではダメだなとなります。特に今年の四月に先生になった人は、とても書けないということになります。いや、質は問わないから、やったらどうかということをいってますが、いかにそういう実践記録を書くということが苦痛かということがわかります。

そういう形でサークルはみんな本合宿とか、あるいは二十代講座という形で、先輩教師の話を聞かせる会ですが、その場合でも、大学の先生は少数で、先輩の教師の授業、生活指導というのが中心になります。

そういう形でやってきているので、サークルでも全部論文審査です。だから、サークルのリーダーシップをとる人達は、本合宿で鍛えられて帰って若い人に教える。

そのなかのいいものを選んで、『日本教育技術体系』という形で、きちんとしたものにして残す。それは二十一世紀に教師になる人達への遺産として、二十世紀の教師達がつくった教育技術の遺産だ。そういうものとして継承していこうということです。

したがって、例えば今世紀の終わりと、きちんと解散を明言しています。だから、民間教育運動で解散を明言した運動はありません。これが初めてです。それは向山先生の優れたところで、だんだん年をとってくると、やはりダメになるのです。老化現象も激しくなるし、のぼせてくる者が出てきます。本を書いたりなんかすれば、俺は有名教師だなんていうことになりますから。そういうことを防ぐためにも、今世紀で終わりです。二十一世紀には二十代教師は四十代の一番の働き手になっていると思うのです。それでいいのではないかということです。そのあとは、若い人がまた継ぐと思います。

法則化に参加している若い先生達が仲間を引っ張って来ます。各地の書店に、法則化コーナーの並べ方や売り上げについて、各地の法則化のリーダーシップをとっている先生達が点検しているのです。

また、教育書の内容についても変化しました。教育書の原稿の書き方を変えたということです。面白いし、現代っ子にふさわしく、漫画言葉、吹き出しに出てくるのと同じで、向山先生の文章は非常にセンテンスが短い。改行が多い。余白が多い。行間をあけるのです。大事なところを囲みにする。これも一つの文化運動です。いままでの論文は、大事なところはゴシックにする程度です。それがいまは大事なところは囲みが多いのです。教師の子どもに対する発問は、必ず囲みになっています。だから、すぐ真似ができるのです。最近は、囲みの中のさらに大事なところは、二重かぎになって出てきまして、それで足らなくて、そこのところを斜線をつけておくとか、いろいろあるのです。そのくらいの変化が出てきています。原稿の書き方が変わってきているのです。

八　法則化学生合宿

愛知の豊橋で、法則化学生合宿があります。これは実費だけで、例えば千葉大学の宇佐美先生とか、名古屋大学の我孫子先生とか、もちろん向山先生も来ますが、著名人の講座があります。講師は無料で参加するわけです。では、あとで講師代をどうするかというと、教師になった時、つまり出世払いということを、向山先生がアイデアを出したのです。学生は金がないから出世払いで結構です。ですが、北海道から来れば、交通費だけでも大変です。

けれども交通費と実費は自分で持ってください。実費と言うのは、食事代と宿泊代。それで募集しました。六月の初めから募集して、定員五十人だったのですが、なかなか集まりませんでした。二十人ぐらいが七月になってやっとなんです。「朝日ジャーナル」に広告を出したらボツボツきまして、昨日電話してみたら、各地の大学から七十名近くきました。これが二十代なんです。

意外なのは、一人で参加する人が多いことです。いままで法則化サークルができている千葉大学とか、あるいは、神戸教育大とか、そういうところは五人、六人とありますが、あとは大体一人ないし二人の参加なのです。ということは、かなり熱心というか、行ってから帰ってきて、サークルを学内につくろうと、そういう目的を持った人かなという感じがするのですが、約七十名ぐらいの参加者があるそうです。

今後、「ツーウェイ」の学生版も出そうかと思っています。ということは、これから教師になるのは大変です。教員の需要供給の関係も逆転しまして、なかなか大変なのです。単なるハウツウものの受験だけの本では通じなくなってくるのではないでしょうか。

今度の試験に、例えば授業を課していくというのが出てきます。そうなってくると、実技はボチボチ入っていて、どういう形でやるか分かりませんが、愛知県は来年から授業を入れるそうです。そうなってくると、法則化運動としては、それは、無視できない。だから、学生サークルに、いかにして教師試験にうまく受かるかという、それこそハウツウ的なものも教えていいのではないか。そのことがまた、力をつけることになるだろうということで、学生版を交代で四回ぐらい出そうかと、それには値段はやっぱり五百円以下だという声が、学生の意見に強いのです。

そういうものがいま準備されています。そうすると、生協の売店のところにならべていただけるとずいぶん学生とつながりが強くなると思うのです。

九 「現代教育科学」誌と教師

「現代教育科学」は、一部、理論誌ということもあって、学生の方もそういうことの好きな人が読んでいたのですが、それからまた、大学の先生が勧めたこともありました。そうすると読まれるわけです。けれど、あくまでも私たちの雑誌、よその雑誌もそうだと思いますが、教師が対象なのです。したがって、学生向けの雑誌の内容にレベルを落とすといったら失礼ですが、入門的なものにしていかないといけない。しかし、それを読んでいて、授業に携わっていなくても、必ずその技術が、あるいは理論が生きるという形にしなければ意味ないわけでしょう。したがって、編集方針が変わりつつあります。

特に「教育科学」だと、机上の空論のような、精神論だけではダメです。時のテーマを解説するだけでもダメなのです。どういうふうになっていくかというと、追試という言葉があります。要するに真似というと、なんか悪いことをやっているみたいに思うでしょう。追試となると、多少違うのですから、同じ「教育科学」をやる場合には、優れた実践を真似するということはどういうことかということを理論的に改正する、そうすると、学生にも使えます。しかし、全く関心なければ読めないし、読んでもわからないということになります。ですが、多少なりとも将来、子どもにとって役立つ教師になりたいという、あるいは一人前になりたいという気持ちがあれば、それにこたえる内容にしていけば読まれるだろうということを感じるのです。

具体的にいうと、「現代教育科学」というのは、確かにお話の通り、一時、一万六千部までいきましたが、一万を割るぐらいに落ちてきたのです。ところが、法則化運動と出会って、昨年から編集方針を、そういう現場に役立つ技術の裏付けになるような理論的な解説を付けていったら、逆に増えてきました。それは学生の方が読んで増えたのかどうかわかりませんが、私は、若い先生が読んでるなと思うのです。ということは、各地のサークルに行きますと、「現代教育科学」で赤線引いて質問してきますから、若い人達が読もうとしているのです。だから、理論書も読もうとしていることは事実なのです。

（追記）教育の憲法と言われてきた教育基本法の改正が戦後六十年を経過して衆院・参院で可決されました。しかし多くの教育学者や教育組合などが「軍国主義の復活」への道を開くとして反対しています。安倍前首相が言われるごとく「いまこそ戦後レジームからの脱却をめざす」べきでしょう。占領と独立の区切りをつけず、占領時代の空気がそのまま日本を支配し続けるべきではないでしょう。

法則化運動中央企画室

江部編集長との出会い——私の原点

感謝ばかりです

新潟県　間　英法

江部編集長は雲の上の人だった。

法則化のセミナーに参加しても、お姿だけは拝見するもののとても話などできなかった。

が、ある時、原稿依頼が来た。江部氏のお名前だった。

何と書いていいものか、迷いに迷って書いた事だけ覚えている。

法則化からTOSSに変わり、江部氏からの原稿依頼が増えていった。そして、ある時のセミナー後の懇親会で緊張しながらご挨拶。「ああ、間先生！」と名前を呼んでいただき大感激であった。


江部氏から何度も新潟に来ていただき、お話を伺った。

国語教育の話が多く、最初はちんぷんかんぷん。

しかし、江部氏の話には戦争の話、終戦後の話が必ずといっていいほど出てきた。

戦ってきたのだ。

それだけは右も左も分からない、法則化の初心者マークの私も分かった。

その江部氏からの最後の原稿依頼が戦争に関する内容であった。

これにはまいった。最後に鍛えられていると痛感した。

改めて、八月十五日に靖国神社に行った。この日に参拝することの意味を、行ってみて初めて分かった。

地元にある護国神社に何度も通った。

ちょうど家族旅行で沖縄に行ったが、慰霊碑などをたんねんに見て回った。

その中で、自分は戦争の話ができない教員であることが分かった。

歴史を知らないから話ができないのだ。

事実にもとづいて話ができないのだ。

特攻隊を扱ったＤＶＤを見ていた。ちょうど、小五になる娘が途中から見始めた。見ていくうちに涙を流し始めた。「どうした」と尋ねると「この人達は、日本のために死んでいったんでしょ」と答えた。きちんと分かれば、小学生でも素直な見方でとらえることができるのだ。

最後の原稿依頼をいただいて、少しは事実にもとづいて戦争のことを話せる教員になったと思っている。

新潟で「新型インフルエンザ」の模擬授業を見ていただき、ほめていただき、とてもうれしかった。「間先生、理科は大切ですよ。小森先生とご一緒に頑張ってください」と力強く激励をいただいた。

東京での懇親会でも何度も同じように言われた。

江部氏と出会わなかったら、私は今以上に薄っぺらな理科教師であったに違いない。

江部氏からの原稿依頼で、何度鍛えていただいたか。

十分に応えることはできなかったが、私としてはいつも全力で書いたつもりだった。

その江部氏がいよいよご勇退される。

理科教師として、それ以前の一教師として江部氏からの学びを少しでも目の前の子ども達に還元していきたい。

教師自身が学び続ける場の提供

東京都　桜木泰自

私は一九八七年に教師になった。教育技術法則化運動の初期である。新採一年目から「法則化シリーズ」を読んで追試し、「教室ツーウェイ」を始めとして明治図書の連合雑誌を全て読んでいた。江部氏が企画・編集した書籍・雑誌をいったい何冊読んだか。数え切れないほどである。毎月半ば、本屋さんから職員室に雑誌が届くのを楽しみにしていた。

私は教職二年目には法則化サークルを結成した。三年目に「法則化青年事務局」に入り、現在はＴＯＳＳ中央事務局で活動をしている。私の教職人生は、法則化運動・ＴＯＳＳとともにある。

電子メールもインターネットも携帯電話もない時代である。私が法則化運動に出会ったのも、向山洋一氏に出会ったのも、明治図書の書籍群があったからこそである。

向山洋一氏は、私の師匠である。江部氏は、私を師匠に出会わせてくれた恩人の一人だ。もちろん、氏の企画・編集した書籍群から多々学んだという意味でも、恩人である。サークル共著を出版させていただいた恩人でもある。

二十年以上前、北海道釧路で向山氏と大西忠治氏（当日は、体調不良で代理の方が講演）の、立ち会い講演会があった。江部氏が企画したイベントだった。氏に「青年事務局も参加するでしょ」と声を掛けていただき、中央事務局の石黒氏や新牧氏、青年事務局の金井氏らと共に私も参加した。これが私の「飛行機初体験」で、その後向山氏に「桜木は靴を脱いで飛行機に乗った」などと、何度も冷やかされることになった。

講演会の翌日、約束の時間にホテルの朝食会場に着いたら、江部氏と向山氏がおいしそうに日本酒の熱燗を酌み交わしていたのを、今でも頭に映像として記憶している。「大人の世界」だと憧れた。

そんな若い時代から、セミナー等でお会いする度に江部氏は「頑張って」と声を掛けてくださった。年賀状では「期待しています」と添えてくださった。江部氏は、私（たち同志）が、楽しい教師人生をおくれている恩人である。

懇親会での江部氏のスピーチ第一声が、私は大好きだ。「同志の皆さん！」というあの力強い言葉だ。これを聞く度に、自分も日本の教育向上のために、旧教育文化との闘いのために、集っていることを自覚し、いっそうの精進の必要性を感じている。スピーチといえば、江部氏は、ここ数年はよく戦時中の話をする。私の父親も、召集令状を待たずに旧制中等学校から予科練、土浦航空隊へと進んだので、江部氏の話には、私はことさら親近感を覚えるのである。

江部氏は、法則化運動を書籍群の発行という面から支えたと同時に、日本教育技術学会、日本言語技術教育学会を発足させ継続させてきた功労者でもある。「学会」という場に、実践現場の若い教師が参加できるシステムができたことは、とても貴重なことだと思う。学会が全国各地で行われるおかげで、私も様々なところにお邪魔した。秋田、岩手、島根、大分などは、私にとって学会があったからこそ初めて訪れた県である。

ここまで書いてきたように、書籍群の出版、セミナー、学会の開催を通して、教師自身が学ぶ場を提供し続けた江部氏は、我が国現代教育文化の最大級の功労者であると、私は考える。私自身がまさにそこで教師として成長してきた。様々な問題提起をし続けた江部氏の志を、私は「同志」として少しでも引き継いで、ＴＯＳＳ教師として、いっそう活動していく。それが江部氏への恩返しだと考えている。

プロット審査から出版へ

島根県　吉川廣二

江部編集長に初めてお会いしたのは、昭和六十二（一九八七）年暮れの「第二回三十代合宿」だった。この合宿では「授業作りブックレットシリーズ」のプロット審査があり、友人と参加した。樋口編集長、向山洋一先生とも、この合宿が初対面だった。

一　単行本を発行するというビッグ・チャンス

プロット審査に応募したのは、「合唱指導」「オペレッタ指導」「描画の共同制作」の三本だった。審査をされたのは、江部編集長、樋口編集長、向山洋一先生だった。その時、両編集長については、名前しか知らなかった。どんなにすごい方かを知ったのは、向山先生から教えていただいてからだ。

審査の順番が来るまで、ずっと緊張していた。そして、本番。プロットを少し読むと、向山先生からストップがかかる。「この本を買いたいと思う人」と言われると、「合唱指導」には参加者のほぼ全員が挙手。「オペレッタ指導」は一緒に来た友人一人で、向山先生が「身内ですね」と言われたことを覚えている。「描画の共同制作」は三分の一くらいの挙手だった。

両編集長は、「合唱指導は合格。あとの二つは書き直して、再度提出」と言われた。

とにかく一冊が合格したのでホッとしたこと、そして天に昇るほどうれしかったことを覚えている。合格はしたものの、執筆は大変だった。半分までは一気に書けたが、それからが進まなかった。最終的には、倍の量の原稿を書き、半分の原稿を思いきり捨てて、何とか締切までに間に合った。当時は手書きだったので、夏休みに汗をかきながら執筆したことを覚えている。「ピアノが弾けなくても合唱指導は出来る」という画期的な書名だった（？）お陰で、多くの方に買い求めていただいた。名付け親は江部編集長である。ちなみに私が考えていた書名は、「合唱指導は学級担任で」だった。

再提出した二冊も発行していただき、「ピアノが弾けなくてもオペレッタ指導は出来る」、「描画の共同制作で学級をまとめる」という書名となった。

その後も、明治図書の教育雑誌の原稿依頼や、連載のチャンスまで。そして、単行本やサークルでの共著も発行していただいた。また、私だけでなく県内の仲間にも、原稿依頼、連載、単著等のチャンスを頂いた。県内の仲間共々、感謝している。

二　法則化音楽で「楽しい音楽指導のアイデア」シリーズ発刊

平成七年に「法則化音楽」を立ち上げてから、多くの法則化音楽の仲間と執筆し、「法則化・楽しい音楽指導のアイデア（全十三巻）」を出していただいた。これには、本当に感謝した。思ってもいないことであった。このシリーズが縁で、全国の多くの先生との出会いがあった。

三　サークル共著でもお世話になる

二十数年前から法則化島根～ＴＯＳＳ島根のサークル通信を送っていた。八年前から発行した「教師の仕事」は、創刊号から毎月送った。平成二十三年七月で百号まで発行したが、江部編集長は毎回ていねいに、ハガキで感想を送って下さった。その上に、ＴＯＳＳ島根のサークル共著を、二十数冊も出版する機会を頂き、改めてその多さに驚くとともに、江部編集長に感謝するだけである。

長い間、本当にありがとうございました。江部編集長は、私の父のような気がしていました。いつか、退職される日が来るとは思っていましたが、「とうとうこの日が来たのか」という思いです。

どうか、今後も、元気にお過ごし下さい。また、お会いできる日を楽しみにしております。私も、あと一年半で退職です。江部編集長のようにエキサイティングな、六十代～七十代を過ごします。

教育運動の父

福井県　**高橋正和**

これまでに江部氏から頂戴したハガキは計四十四通。お便りもあわせると約五十通になる。そのほとんどに、江部氏は必ず激励の言葉を記して下さった。すべてが私の大事な宝物だ。

江部氏は雑誌編集のみならず、数々の学会設立、全生研や解放教育、法則化運動など教育運動に携わってこられた。江部氏は「教育運動の父」である。

法則化運動が始まった当時、県内にいる仲間は十名に満たなかった。全員が新卒から五年までの若い教師達。気概とフットワークだけは誰よりも盛んだったが、教育界の中では埃のような存在に過ぎなかった。一番の楽しみは明治図書連合雑誌の発売日だった。勤務校の町には書店がなく、雑誌を隣町の書店から取り寄せていた。発売日に届かないとじっとしていられず、隣町へ車を走らせた。法則化関連の論文、セミナー情報を一刻も早く目にしたかったからだ。

現在もそうだが、雑誌を手にして真っ先に読むのは編集後記。江部編集長の文章だ。編集後記から教育界をみる視点と問題点を教わった。

次に連載論文だ。この頃、それまで大学の先生が占めていた誌面に、向山先生をはじめ野口先生や有田先生など現場教師の論文が進出し始めていた。憧れ、励みになった。

しかし、活字世界と現実には大きな落差があった。法則化運動に関わる実践や発言をすると、公の場ではまったく認めてもらえなかった。認めてもらえる場を探し、民教連（たとえば「体育同志会」や「仮説実験授業」）のサークルに行ったこともあった。だが、そこでは運動そのものを全面否定された。民教連関係者には、法則化はマニュアル主義だといわれた。

前進するには闘志が必要だ。その支えとなったのは江部氏から頂くハガキ、通信（江部氏、樋口氏は

「法則化編集者通信」を発行されていた）だった。

雑誌論文をはじめ、著作、編著など身に余る仕事をさせていただいた。

大恩を感じているのはもちろんだが、江部氏の期待に応えようと無我夢中で取り組んだ。

江部氏から頂いたハガキで思い出に残る一通がある。消印は八九年二月六日。福井に法則化が上陸した直後だった。

心あたたまるお手紙、ありがとうございました。

> ①福井合宿の成功はすごいです。問題は一点突破です。結果として「力」をどう問題提起して集約していくか。ここが代表の力量です。がんばって下さい。
> ②本を出すことは、一つの主張を押し出すことですから、問題提起　テーマをしぼることでしょうね。「道徳」はどうしましたか。道徳教育の改革は重要テーマですね。
> ③十月は福井講演会が予定されています。品川書店がＯＫです。あとは先生へ小社の高橋が依頼する手はずです。福井合宿の予告。ニュースでとりあげますから原稿を送って下さい

あたたかい激励の中に、①②のような鋭い示唆がある。今読んでも、背筋が伸びる思いがする。

このハガキを頂いてから二十二年が過ぎた。今なお学校現場には未来構想があるようでない。「まえがき」で始まり「成果と今後の課題」で終わる教師の形式的事なかれ体質が、鮮明にすべき課題を曖昧模糊にしている。「教育運動の父」江部満氏の力は、教育界に必要である。

役に立たない教育論文から役立つ教育論文へ

兵庫県　**木村孝康**

私は本が好きで、教師になってからもたくさんの本を買っていた。

教育書もかなり買って読んでいた。

当時、教育論文を書いていたのは大学の先生方や校長先生や教育委員会の先生方だった。

地方の平の教諭には、全く縁のない世界と思えた。

時の教育論文の内容は、大上段に構え、高尚な教育理念を述べるものがほとんどだった。

明日の教室の実践に役立つものはないに等しかった。

それでも、いつかは役立つのではと思い、買い集めていた。

例えば、私の専門の算数教育の全集を二セットで、合計五十冊を持っていた。

若くて安月給だったが、月賦で支払って揃えたものである。


向山氏の「誰でも跳び箱を跳ばせられる」の論文に衝撃を受けた。

当時、勤務校の研修で跳び箱指導をテーマに取り組んでいた。

何度私が指導しても、全員が跳び箱を跳べる事実は作れなかった。

嘘だろうと思いつつ、向山氏の指導を早速追試した。

たった一時間で全員が跳び箱を跳べ、感動の授業が出来た。

衝撃的な子どもの事実である。

たった一本の教育論文が、教室で素晴らしい事実を作った。

こんなことは日本の教育界の歴史でも初めてだったろう。

明日の教室の実践に役立つ教育論文があった。

しかも、私だけでなく、全国各地で同じことが起きている。

教育界の革命が起きた。


明治図書の江部・樋口編集長のお陰で、向山氏の教育論文はどんどん教育誌に掲載された。

地方にいる若い教師達は、たくさん読めて、どんどん追試出来た。ありがたかった。

向山氏に影響された若い教師が、どんどん教室の事実を発言するようになった。

向山氏の文体を真似て、発問や指示や説明を明確にした教育論文で。教育論文の革命だ。


教室で役立つ教育論文が山ほど登場した。

それを、毎月の教育誌に掲載したのが江部・樋口編集長である。

私は高額を出して買い集めた全集五十冊を捨てた。

教室の実践に役立たないからである。


多くの大学の先生方に、江部・樋口編集長は嫌われたそうである。

「向山や若い教師の論文を載せるな。原稿を書かないぞ」

このような脅しにも屈せず、邁進していただいた。

そのお陰で、日本の教育界は救われた。

原稿執筆は、サークルでの学びの場

茨城県　**兼田麻子**

初めて本の原稿を書くことになった驚き

クラスが荒れていることに悩んでいた私は、隣県栃木の松崎氏のサークルにも入会した。八年前。その数日後の事だった。

「サークルで本を出版します」というメールが代表の松崎氏から流れた。ほぼ同時に原稿分担も流れた。私の名前もあった。私が本に載る原稿を書くなんて！とびっくりした。そんなこと、できるわけがない。全国の多くの先生方の参考になるような原稿を書くと思うと、ものすごいプレッシャーだった。とんでもないサークルに入ってしまったのかもしれないと、サークルで本を出版するということにもただ驚いていた。

原稿執筆はサークルでの大きな学びの場だった

けれども、こんなに驚いていた私でも原稿が書けるように、サークルの先生方は手厚いサポートをしてくださった。原稿の内容をどうやって決めればよいのか。先行実践を調べることや、教材研究をすることや、本を購入することなど、一つ一つのやり方を教えていただいた。調べることを通して、ＴＯＳＳの実践にたくさん触れて、原稿の内容以外にも実践の知識が増えた。

①ノートの作り方を学んだ

教材研究をするときにノートを作って貼っていくことも学んだ。私の分担は二本だったから、ノートを二冊つくった。そこに、調べた情報を貼っていった。教材研究ではノートを作ることがよいという基本的なことも、原稿を書くときに学んだ。

②初めて触れたTOSSのメール文化

内容を決めても、書籍の原稿の書き方を知らない。一ページ書くのに、何時間もかかった。それをMLに発信すると、サークルの先生がまたたくさん検討してくれた。一日に何十通もメールが流れた。こんなメール文化に触れたのも初めてだった。お互いの原稿に検討をくり返した。何度もやりとりをして、原稿ができあがっていった。自分一人ではわからないことをたくさん教わった。パソコンで読んでいるだけでなく、必ずプリントアウトすること。自分だけでなく他の人の目を通して文章を検討することなど、原稿を書くときの基本的なことも学んだ。

③原稿が完成した後の忘れられないひとこと

原稿を二本書くことに、必死になった夏休みだった。できあがった原稿を松崎氏に提出したあと、松崎氏から「お疲れ様」という言葉が温かく返ってきたことを今でもよく覚えている。

初めて、自分の名前が載った本ができあがったときは、本当に夢のようだった。

栃木県内の全てのサークルが同時に本を出版した。出版記念のパーティーも盛り上がった。

④原稿を書くことが教師修業

原稿を書くことを通して、私は、サークルで多くのことを学んだ。「力があるから書くのではなく、書くから力がつく」ということを実感した。原稿を書くことによって、多くの先行実践を知る。自分の言葉に責任をもてるように、向山型の実践も真剣に学ぶ。やがて、学んだことが、教室で子ども達の笑顔になって帰ってくる。

包み込む親父

山口県　槇田　健

江部満編集長と最初に出会ったのはいつだったのか、記憶にない。法則化合宿に参加し、論文審査の時に向山先生の隣に座ってコメントされている姿が、印象に残っている。

向山先生から江部編集長について機会あるごとにいろいろ聞かされていた。

江部氏は、「現代教育科学」誌の編集長であった。

「現代教育科学」は、教育系大学の研究者の登竜門だという。この雑誌（江部編集長）から原稿依頼が来るようになると教育研究者として認められた、ということになるそうだ。

従って、附属の公開研究会や教育イベントなどの時には、附属の教官や大学の教官たちが名刺を持って江部編集長の元へ殺到し列ができたという。

江部編集長に認められると自分の著書が出せるのである。まずは、江部編集長に名前と顔を覚えてもらうために名刺を持って並んだそうである。

天下の明治図書の雑誌、単行本、全集などはすべて江部編集長の承諾が要ると聞いていた。

田舎教師の私にとっては、雲の上の存在であり、話をするどころではなかった。

その「現代教育科学」誌から、原稿依頼が来るようになった。

うれしいと言うよりは、不安の方が先に立った。江部編集長は、私に何を書かせようとしているのか、どのような原稿内容を要求されているのか、そればかり考えていた。一日中書く内容を考え続けたこともあった。筆が進まなくて、ストレスで食事がのどを通らないこともあった。

これまでに四十本近くの原稿を書かせてもらった。というより、教諭として、教頭として、校長としての生き方を、書くことを通して鍛えられたのである。

法則化歴十年を過ぎたころ、江部編集長から次のように言われた。

「槇田先生しか書けない内容を書けばいいのです」「長州のボスとして書いてください」

この頃から、少しずつ恐い親父のイメージが薄らいでいった。

自分の実践を大切にすること、自分の考えを大事にして事実を書きまとめること、を心がけて書いていった。

雑誌原稿とは別に、サークル共著や単著の仕事もやらせてもらった。

一番の思い出は、模擬授業シリーズ『山へ行く牛』である。法則化運動以前の私の実践を法則化合宿の模擬授業で実施し、テープ起こしをし、関連論文を入れて世に出してもらった。

最近では、サークル共著『活用力を育てる授業改革』四冊セットを書かせてもらった。

書く機会が成長の機会でもある。が、しかし、書くことは苦しい。自分の頭の中にあるもつれた糸を解きほぐし、それを目的別に選別し、テーマに沿った文章を綴るのである。

槇田は、これが得意でないと江部編集長は知っておられる。だから、あの手この手で本作りへの挑戦を依頼してもらった。

教職経験三十六年目、校長経験十二年目の今年度、願っていた二回目の自主公開研修会を実施できる見通しがついた。当然、江部編集長をお招きする。

腰の据わらない、頼りない槇田を二十六年間も見守り続けてくれたのである。親父のいない私にとって、江部編集長は、すべての実践を包み込んで更に前に進む活力を与え続けてくれる貴重な存在なのである。いくら感謝してもし切れない。これからも、「親父」としての存在が、変わることはない。

志を引き継ぐ！

熊本県　**椿原正和**

一　運動家

教師の夢。

それは、単著を出す。

だれもが、一度はそのような夢をもつ。

法則化運動に出合い、向山先生に出会い、江部編集長に出会わなければ絶対に実現することはなかった。

ずっと以前から本を出すように勧められ、何度かそのチャンスはあった。

しかし、私の力不足で二十年間実現することはなかった。

今から十年前、最後のチャンスがきた。これまで書き留めてきたものを一気にまとめた。五冊になった。

その出版を我がことのように喜んでくれたのは江部氏だった。

私は、この時、男の約束をようやく果たせたという安堵感でいっぱいだった。

二　人を信じて待つ

江部編集長は、「同志」という言葉を使う。

私はこの言葉が好きだ。運動家としての江部氏が好きだ。

雑誌の特集もザクッと核心をつく。日本の教育史に残る問題提起をきら星のごとく世に問うてきた。

法則化運動立ち上げの頃の雑誌は、手元に着くのが待ち遠しかった。日本の教育論争史の最後となるような時期だったと思う。

子どもの事実にこだわり、地方の名もない小学校教師に原稿を書く機会を与え、強力にバックアップしてくれた。大学の旧文化人たちとの闘い。どれも見事だった。

江部氏は、運動家であることを自認する。

闘いも凄いが、同志に対する配慮も凄い。

私の原稿の遅れを何度も何度も待ってくれたのが江部氏だった。

「待つ」

出会った人をとことん信じて待つ。

そのような仕事のやり方を教えてくれたのが江部氏だった。

私にとって生き方の基本を教えてくれたのが江部氏だった。

三　日本の教育再生のために

日本の教育界に多くの問題提起をした江部氏。

その種がようやく実を結び、花を咲かせようとしている。

私たちがその一翼を担っているのだと強く思う。

江部氏が五十四年間にわたって日本の教育界に異議申し立てをしてきた志を、今、我々が引き継ぐ時がきた。

江部氏の努力を無駄にしないために、何を為すべきか。

まさに、我々の「口動」ではなく「行動」が試されている。

日本の教育再生のために、立ち上がることをここに誓う。

本当にありがとうございました。

生き様に学ぶ

山梨県　**伊藤道海**

期間採用で初めての学級担任。自身の不勉強のため、毎日、どうやって授業をしたら良いのか、子どもの前で何を話したらよいのかわからない状態。

そのうちにクラスはどんどん荒れてくる。

新採用教員は指導教官がつくが、期間採用にはつかない。朝三時に目が覚めては、指導書とにらめっこ。どうしたらよいか皆目方策が見つからないまま時間ばかりが刻々と過ぎていく。

そのような状況下、私を支えてくれたのは江部編集長が編集・企画をした向山洋一氏の本だった。本屋に並んでいた『授業の腕をあげる法則』『学級を組織する法則』『子どもを動かす法則』を貪るように読んだ。

『子どもが燃える授業には法則がある』は出勤する時間、ギリギリまで読んだことを思い出す。サイドラインが随所に引かれている。

江部編集長がこれらの本を世に出さなかったら、今頃私は何をしていたかわからない。

感謝の思いを伝えるべく、退職記念パーティーへ参加。

江部氏のお話に何度も感銘を受けた。

ローマ字教育への批判などGHQによる戦後の教育政策に敢然と立ち向かわれたことがわかった。

「江部氏の足跡をもっと詳しく知りたい！」と思い家に戻って資料を繙く。

「現代教育科学」二〇〇九年一二月号『「戦後教育観」何を脱皮すべきか』の編集後記において、その足跡を垣間見る。（以下引用）

「忘れてならないのは、日本の戦後教育はアメリカ占領軍による日本の教育再編成・民主化教育に始まったという事実です。戦後すぐ、アメリカ教育使節団によって教育の目標と内容、国語の改革、教育行政、教授法と教師養成教育、成人教育、高等教育等、日本の公教育全体についての問題点の指摘と教育再編成のための具体的な改革の勧告提案が出されています。（中略）

旧教育基本法は一九四七（昭和二十二）年三月の第九十二回帝国議会で制定されたものであり、連合国軍による軍事占領という主権を失った状況下において制定されたものであるという事実を忘れてはなりません。今回の改正は日本が主権を回復した後、実現したものであり、改正は日本の教育基本法を悪化させるという反対論は当たらないといえます。」（引用以上）

退職シンポジウムで熱く語られたことそのままに、戦後教育への力強い批判がそこに述べられている。

今回、教育雑誌の編集長として長くつとめた足跡が世界記録としてギネスブックに刻まれた。その前人未到の記録が示す通り、江部氏が戦後教育に果たされた役割は計り知れなく大きなものだと思う。

江部氏は、これから道徳教育について学んでいきたいと言われた。退職を祝うその席で、次なる展望を話される気概。私もその気概に少しでも近づけるように、戦後の教育政策や教育観についてもっと深く学んでいきたい。

期間採用時から現在に至るまで、その生き様で進むべき道を示し叱咤激励して下さる江部氏に心より感謝致します。

熱く、温かい編集長

山口県　林　健広

江部氏と初めて会話をしたのは、東京品川であった。

河田孝文氏をはじめとしたTOSS/Advanceのメンバーが、食事会に誘われたのだ。

待ち合わせの場所は、中華の店だった。

待ち合わせの時刻は、十一時だった。Advanceのメンバーは、三十分前から店の前で待っていた。

とてもとてもドキドキした。あの江部氏と食事ができるのだ。これ以上ないほど、どきどきした。

江部氏は、会った瞬間からずっと笑顔だった。

サークル員が自己紹介をする。

「林健広です」と言うと、すぐに「林先生ね。原稿読んでます」と笑顔を返してくださった。

本当に本当にうれしかった。

その後で、各自が用意したプロットを江部氏に見せた。

一つ一つのプロットに「いいねぇ」「本にしよう」「これ面白い」と答えてくださった。

河田氏のことを、ずっと「息子」と呼んでいた。

「息子が、こんなに成長してうれしいなぁ」と何度も笑顔で言っていた。

江部氏の温かさを感じた時間であった。

その後、酒が進んだ。

江部氏から、教育実践家の話を聞いた。斎藤喜博、大西忠治などなど。

自分の本棚に並んでいる実践家が、目の前にいるような感覚を覚えた。

編集長として、教育を創り上げた、それが江部氏だ。そう思った。

江部氏の話は、大東亜戦争のころにも及んだ。

「東京湾には米軍の艦隊が埋まっていた」

「埋まっていたのですか？　そんなにいたのですか？」

「そう、埋まっていた。そして次々に爆弾をもった飛行機が飛び立っていた」

江部氏の話は熱かった。一つ一つの言葉に、熱があった。

日本を何とかしたい。

教育の世界から、日本を何とかしたい。

編集長という立場から、日本を何とかしたい。

そんな思いが詰まっていた。教師として、男として、日本人として、心から感激した。

二次会は、地下の寿司屋であった。江部氏は、私たちに温かい声をかけてくださった。

「がんばってね」と何度も声をかけてくださった。


江部氏は、熱く、そして温かい方である。


江部氏との食事、今でも忘れることができない。

江部氏の熱さ、温かさを、少しでも受けついでいきたい。

届いたハガキとＴＯＳＳとの出会い

兵庫県　溝端久輝子

1　サークル機関誌

サークル発足四年目でようやくサークル機関誌を作った。たった八ページほどの冊子だった。江部編集長に送ったところ、すぐにハガキが届いた。それが左記のハガキである。

おたよりと「花みずき」創刊が届きました。

創刊おめでとうございます。

活気のある紙面に、驚きながら拝読しております。

これからの一層のご発展を期待しています。

11／27　江部　満」

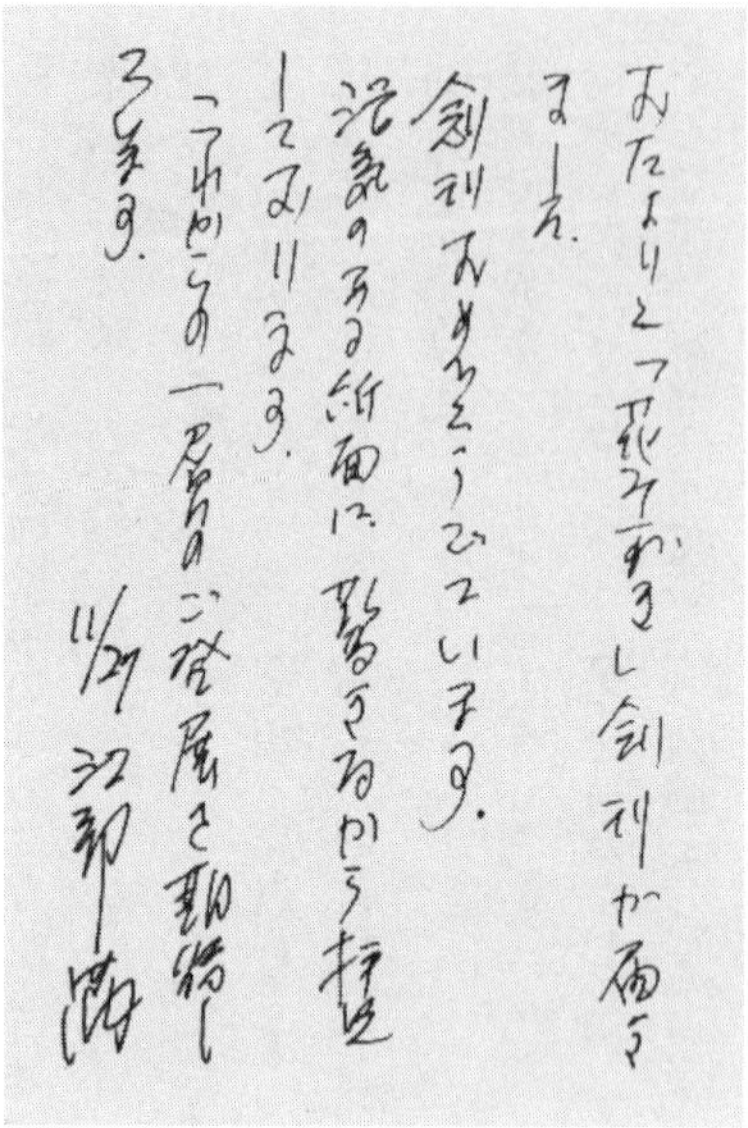

おたよりと「花みずき」創刊が届き
ました。
創刊おめでとうございます。
活気のある紙面に、驚きながら拝読
しております。
「これからの一層のご発展を期待し
ています。
11/27　江部満

まさかハガキがくるとは思ってもいなかったので、大変驚いたと同時に、編集長のあるべき姿に感動した。おそらく毎日山のように来る配達物の中で過ごされているに違いない。しかし、末端のたった八ページほどの薄い冊子にもこのような返事をされることに大変励まされたことを覚えている。

2．法則化との出会い

主婦だった私が教育書を手にするようになったのは、結婚した相手が法則化で学ぶ教師だったからだ。明けても暮れても向山氏の本を読んでいた。何度も何度も読んでいた。

年月が過ぎ、私も教師のはしくれをさせてもらうようになった。夫に勧められ、教師になったなら、ＴＯＳＳで学ぶしかない、と決意した。採用試験に合格してから現場にでるまで、ひたすら向山先生の本を読んだ。家中に向山先生の本があったことがありがたかった。現場感覚がわからない中でも『授業の腕をあげる法則』『いじめの構造を破壊せよ』は何度も読んだ。具体的な描写にぐいぐい引き込まれた。

初めて行ったのは大阪の漢字セミナーだったと記憶している。一番うしろの席で資料が山積みされていたことに驚いた。百人一首を体験したが、全くついていけず、一枚も取れず悔しい思いをした。その年のＴＯＳＳデーは十会場以上をまわった。サークルにも行くようになり、模擬授業という文化にも触れた。しかし、一年目の実践は百人一首をやったことしか覚えていない。ただひたすらやり続けた。その当時受け持った子どもの母親からいまだに百人一首をしてもらってありがたかったとメールを頂く。

その後、自分でも法則化サークルを立ち上げた。そのサークルもＴＯＳＳの冠を頂き、今なお活動を続けている。機関誌は少し背伸びをして出してみた。サークル共著で明治図書から本を出版するのが夢の一つである。今後も亀の歩みではあるが、一歩一歩進んでいく決意だ。

学び続けよという暗黙の叱咤激励

岩手県　田村治男

田村先生の力量に感銘を受けています。がんばって下さい。

二〇〇六年十月十三日に江部編集長からいただいた言葉。
今でも書斎のデスクマットの中にある。
書斎で仕事に向かうたびに目に飛び込んでくる位置にある。

そんなことはない。まだまだだ。
自分のまわりには、多くの優れた方々がいるじゃないか。
自分はもっと教師修業を積まなければならないんだ。

その言葉を見るたび、その思いを強くしている。
それは、五年経った今でも色褪せることなく変わってはいない。

江部編集長からの暗黙の叱咤激励。

何度もそう思いながら、今まで書斎で仕事を重ねてきた。
そして、これからもその思いは変わることはない。

一度だけ、江部編集長に握手をしていただいたことがあった。

力強い握手だった。

そして、温かさが伝わってきた。


おう、田村先生か。がんばってるな。これからもよろしく頼むな。


そう話していただいた。今でも忘れられない出来事だ。

田舎の一教師である私の顔と名前を覚えていてくださったのだ。

感動、感激した瞬間だ。


そして、「江部編集長退職記念シンポジウム」と「江部編集長退職記念パーティー」の横断幕を作成させていただいた。

記念すべき機会で役に立つことができるのだ。

自分にとって、光栄な仕事だ。


江部編集長、本当にありがとうございました。

名もない教師からの発信

熊本県　有働英一郎

江部編集長がご退職されるということを知り、普段は感じない時の流れを実感いたしました。

私は、えらい先生の言うことはすべて正しく、うまく行かないのは己の力不足であると思い込んでいました。しかし、確かに、自分の力量不足もありますが、大学の先生方の論文の書き方、伝え方がまずいこともその一因であることを江部編集長様たちから教えていただいたと考えています。

江部編集長にお会いするまでは、私みたいな者が、教育雑誌に原稿が載り、共著二冊を出版できるなぞ微塵も考えていませんでした。感謝の言葉しかありません。本当にありがとうございました。特に、台風で三日間の停電の中での共著執筆は若い時代のよき思い出です。

私が「江部編集長」を知ったのは教職五年目の時、校内研究のために文献探しに行った出身大学の研究室の明治図書の雑誌でした。目当ての論文は昭和五十年代の「授業研究」誌の算数の論文でした。しかし、求める論文より、「向山洋一」先生の連載論文に目が惹かれてしまいました。目当ての論文を探しながらも「向山洋一」という名前を見つけた雑誌を片っ端から横に置き、その日の内に発見した「向山洋一」論文をすべて読んでいました。その中に、「江部編集長」、「江部満」という名前があったのをはっきりと記憶しています。

帰宅後、すぐに関連する雑誌のバックナンバーすべてを注文しました。到着後は「一気読み」し、法則化運動に入ることを決意しました。その頃から、必ず編集後記に目を通すようになりました。

そして、明治図書の法則化運動関係の雑誌（連合雑誌）はすべて購入しました。「教室ツーウェイ」、「授業研究」、「学校運営研究」、「現代教育科学」、「国語教育」、「社会科教育」、「理科教育」、「学級経営」……そして、それぞれの臨時増刊号。加えて、各単著。しばらくすると本棚からは本があふれ、次々と本棚を増設するようになりました。向山先生の黒帯六条件で最初に突破できたのは「本代百万円」でした。笑い話のような本当のお話であります。

当時、全国各地で開かれていた「向山洋一講演会」が熊本で開かれたとき、法則化サークルに入ったばかりの私は事務局ではなかったので、会場の一番前で聴講することができました。

その後厚かましくも懇親会に参加し、初めて江部編集長のご挨拶をお聞きすることができました。法則化運動を支える方々の熱い思いを受け、さらに法則化運動に参加する意を強くしました。

この講演会を期に、私たちは新しく法則化サークルを作りました。それからは、法則化合宿、中央合宿、地方合宿に参加するようになり、江部編集長ともお話しする機会を得るようになりました。

江部編集長が来熊される度にお話しできる機会に恵まれました。本でしか知らない、多くの著名な実践家（大西忠治、西郷竹彦、斎藤喜博……）のお話や日本の教育を支える江部編集長のお仕事の様子をお伺いするにつけ、それに触れることができる幸せを感じていました。

地方の名も知れない普通の教師に原稿を書く機会を与え、地方からの発信を行わせ、ツーウェイ（双方向ネットワーク）を構築されたお陰で今日の私たちがあるのだと考えられます。

当時、書店には、明治図書の本がずらーっと並び、壁一面に明治図書の本があった所もありました。その中に、私たちの本が並んだときのことはうれしくて、こそっと写真を撮っては、何回も何回も祝賀会を行ったことを思い出します。

江部編集長のご意志を引き継ぎ、これからも問題提起を続けることをお約束します。たいへんにお世話になりました。ずっとずっとお元気でお暮らしください。たいへんにありがとうございました。

お便りに支えられたサークル冊子

茨城県　桑原和彦

1　元気を頂く

江部編集長は、どんなセミナーや懇親会でお会いしても、いつもにこやかだ。そして「若い諸君。がんばれよ！」と、いつもエールを送ってくれ、私たちを元気にしてくれる。二〇一一年のTOSSサマーセミナーのパーティー会場でも、御挨拶をしたときに「がんばってください！」と力強い握手をしていただいた。その手は、とても温かかった。よしがんばるぞと思えた。そんなパワーをくれる江部編集長に会うのはいつも楽しみにしている。

2　サークル冊子に感想を頂く

TOSS茨城では二〇〇三年から、サークル冊子『糸』を発行していた。その後、形を変えて『学級経営のツボ』と称して、二〇〇九年まで発刊し、現在は休刊している。

その冊子を、江部編集長にお送りしていた。恐れ多いと思いながらも、送らないことには目にしてもらえないという思いで実行した。すると、なんと江部編集長から感想のハガキが届いたのだ！　間違いではないか？と目を疑った。

★『糸』No.6が届きました。充実した内容に圧倒されました。特に「個人必達目標報告」皆さんの決意に感激しました。ありがとうございます。お願いしているサークル共著の完成お待ちしております。

すぐにサークルのMLに感想を流した。みんな興奮して喜びを表していた。自分たちの文章が江部編集長の目に止まることの現実。そしてその責任。次の号から執筆側も一層力が入った。いそがしい中でも、このように、一サークルの冊子に感想をハガキに書いて投函いただくという江部編集長の行為に仕事術も学んだ。他にも二通の感想を頂いた。

★『糸』No.8が届きました。内容充実、特集を見るのが楽しみです。ありがとうございました。

★『学級経営のツボ』二・三月号が届きました。ありがとうございます。学級経営づくりのヒントが多いですね。勉強になります。我々編集に生かします。

恐れ多い言葉が続く。しかし感想のお陰で、TOSS茨城がレベルアップしたことは間違いない。その後、茨城メンバーの明治図書の教育雑誌への原稿依頼も徐々に増えていた。江部編集長に感謝である。

3　サークル執筆本を明治図書より発刊

目の前にある一冊の本。明治図書より発刊した。『他人には聞けない　体育初心者必携Q&A　低学年』だ。根本正雄監修で、TOSS体育サークルリズム太鼓・TOSS茨城NEVER著。初の本執筆の機会を江部編集長・根本正雄氏より頂いたのだ。これには興奮と重責を感じずにはいられなかった。そもそも本を作るイメージがなかった。原稿を書いて終わりではなく、編集や確認作業にその倍以上の時間を要した。河村氏や三沢氏、柴田氏らと、当時の桑原の勤務校で夜通し作業した。プロット立てから困惑し、原稿を書き始める。ついで写真をどうするか、文章はこれで伝わるかなど検討に検討を重ねた。江部編集長からも激励の言葉を頂いた。そして約一年後、ついに発刊。店頭に並んだ本を見て感無量であった。江部編集長に出会わなければ、このようなことは体験できなかったであろう。その後、体育の本の二冊目『すぐれた体育授業を支える微細技術　第2巻　集団行動編』を執筆した。江部編集長からの依頼があってのスタートであった。御礼を伝えると、笑顔で「また、いいの書いてよ」と言ってくれる。現在、桑原は『特別支援教育教え方教室』の編集長を務めている。あの時の本を書いた経験を忘れずに、多くの先生に手にとってもらえる役立つ誌面作りを続ける。

読む立場から書く立場へ

山口県　**山田恵子**

新卒の頃より購読していたのは、明治図書の雑誌である。

雑誌の特集にはもちろん興味を惹かれ、読んでいった。

そして、編集後記も。なぜなら、教員や大学の先生じゃない人が書いていたから。雑誌を編集される、未だ話をしたことのない人にひそかに興味津々だった。

江部　満氏

樋口氏と並んで、このお名前を知ったのも、雑誌の編集後記である。


東京のセミナー後の懇親会に初めて参加した時のこと。

「次は、明治図書の江部編集長お願いします」

とスピーチを促すアナウンスが聞こえた。「江部編集長って、あの…雑誌の編集をしている人？」と思わず声を上げそうになった。

壇上へ上がられたのは江部氏。

かなりお年を召しておられる感じがした。

その感じは、当たっていた。

なぜって、「特攻隊に志願していた」とスピーチで話をされたから。終戦時、ある程度の年齢を迎えられていたことがわかった。

一般に定年を迎える年を大きく越えてもなお、編集の仕事に携わっておられることを知った。熱い熱い思いをもって。

「運動家」として、志をもち続けておられることにも驚いた。

雑誌は読む物、本も読む物、それしかありえなかった私。

それなのに、雑誌やサークル共著の本に原稿を書かせてもらったのは、TOSSサークルに所属しているからにほかならない。

そして、編著として、サークル共著本を出版する機会をもらった。

初の編著本は、『だれでもできるノートスキルの指導　低学年』だ。

編著者として、表紙にも背表紙にも名前が掲載されたのを見て、うれしさがこみ上げてきた。しばらくの間、何度も何度も眺めた。

読む立場から、書く立場になるなんて！

これも、ひとえに江部氏のおかげである。

想像することしかできないのだが、出版までに多くの手続きや煩わしいことがあったことと思う。地方の一サークルに所属する一教員に機会を与えてもらったことに、ただただ感謝である。

ありがとうございました。

秋天をつき抜けてゆく校歌かな　恵子

はじめて頂いたハガキの感動

福井県　**吉田高志**

「失礼ですが、筆力を試させて頂きました」

これが、江部編集長から一番最初に頂いたハガキである。

当時は、法則化運動にかかわる若くて才能あるメンバーが次々と著書を発行している時代であった。その熱波の渦の中で、「自分の実力を試してみたい」という気持ちが私にも湧き起こっていた。

私が法則化運動に正式に参加したのは、一九八八年三月である。法則化運動がはじまってすでに四年が経過していた。当時の年齢は二十八歳。手遅れの三十代が目前であった。

はじめて法則化福井の例会に参加した時の記憶は、未だに鮮明に残っている。自信作として持ち込んだ論文を滅多斬りされた。帰りの車の中で「絶対に見返してやる」と思ったものである。

さて、私のはじめての著書は『読み手を喜ばせる学級通信の書き方』である（初版一九九一年）。

それまでに書きためた学級通信をかき集めて書いたものである。プロットは自分で立てた。当時、法則化福井の代表だった高橋正和氏には、何度もアドバイスをしてもらった。見本も書いて明治図書に送った。

その後、数ヶ月、全く返事はなかった。

江部編集長から「楽しい学級経営」の原稿依頼が一度来ただけだった。

最初の頃は、返事を心待ちにしていたが、サークルに参加してわずか三年程度の駆け出しである。出版などは、「遠い夢」と思うようになり、ついには、企画を送ったことさえ忘れていた。

そのような時に届いたのが、冒頭のハガキの一節である。

「失礼ですが、筆力を試させて頂きました。」の後に「合格です」と江部編集長の流れるような文字で書いてあったのである。

うれしかった。

その感動だけが今でも残っている。

当時は、子育ての真っ最中で、毎朝四時に起きて二時間ぐらいを執筆に当てていた。筆力を試されるぐらいの実力であるので、執筆は難航した。

何度も何度も書き直して、少しも前に進まないこともあった。それでも、少しずつ原稿が埋まっていくのが、励みであった。

著書名は、江部編集長につけていただいたものだと記憶している。私のつけた著書の題名は、あっけなく却下されたのである。今では、どのような題名をつけて送ったのかさえ、記憶にない。

これ以後、共著や編著を合わせると三十冊近い著書を江部、樋口両編集長のもとで、発刊させていただいている。

発刊の度に、短いコメントをハガキで頂いた。そのコメントを読むのが何よりの楽しみであった。

その最後のハガキが、今、手元にある。

「前著、三冊よく普及していて、喜んでいます。続いて『TOSS学校づくり』を拝見していて、吉田先生に是非、次のテーマでお願いしたい……略　2／10　江部　満」

江部編集長のもとで、学校づくりに関する著書を発刊する。残念ながら、この夢は叶わなかった。

しかし、必ず校長になって江部編集長がいつもおっしゃっていた「問題提起ができる一冊」を送り出したいと考えている。

「高い峰」をのぼった初めての単著

福井県　上木信弘

私の初めての単著は『タバコに手を出さない子を育てる小学校の禁煙教育』（明治図書）である。『21世紀型授業づくりシリーズ』の中の一冊として、二〇〇一年七月に出版された。

「法則化サマーセミナー」のパーティーの時だった。江部編集長は握手をするなり、言われた。

「上木先生、禁煙教育で一冊単著、お願いしますね」

きっかけは、向山洋一氏の論文審査

私が禁煙教育に積極的に取り組むきっかけを作ってくれたのは、向山洋一氏である。

「楽しい体育の授業」（明治図書）の連載「向山氏による論文審査」に、サークル通信に書いた「禁煙教育」の実践が載った。寝ころんで読んでいたのだが、論文審査のページを見て驚いた。さっと起き上がって、向山氏の評定の部分を読んだ。評定は、なんと「A」だった。

向山氏の評定がきっかけになり、私は、主流煙の害の授業の他に、副流煙の害、タバコをすすめられた時の対処法、タバコの広告、禁煙ポスターの描かせ方など、禁煙教育の授業を取り組んでいった。サークル通信に書いたり、日本体育教育技術学会の提案資料にまとめていったりした。

これらの記録をもとに、江部編集長は単著の依頼をしたのだと思う。

不安だらけの単著執筆

まず、プロットが確定しなかった。配列をどうするか、読者が読みたくなるタイトルは何なのか、迷いに迷った。ノートに書いていては×をつけていった。確定するまで、一ヶ月はかかったと思う。

原稿の量についても不安だった。それまで多くても三十頁しか書いたことがなかった私には、百頁以上の原稿の量は「高い峰」に見えた。

「高い峰」をのぼるには、一歩一歩踏み出すしかない。パソコンに向かい、執筆を始めた。一頁書くのに、何日もかかった時もあった。章ごとに仕上がると印刷して、妻やサークル員に検討をしてもらった。

このような作業をしながら、約七ヶ月かけて脱稿した。

「ご労作が届きました。ありがとうございます。禁煙教育としては、おそらく戦後初の快挙となりますね。よく出来ています。〈中略〉すぐ着手しますので、四月中旬～下旬は校正が出る予定です」

江部編集長からのハガキを読んだ時、胸をなで下ろしたことを今でも覚えている。

出版された一ヶ月後の出来事

出版された一ヶ月後、早稲田大学で、明治図書主催のイベントがあった。そのパーティーの席で、江部編集長にお会いした。私は、単著出版のお礼を述べた。すると、その場に、向山氏が来た。

私は向山氏に、「向山先生が論文審査でA評定をして下さったおかげで、禁煙教育の実践に積極的に取り組むようになりました。今回、江部編集長のおかげで、禁煙教育の本を出版することができました。ありがとうございました」と言った。

向山氏は、「禁煙教育は大事だよ。いい本を作ったね」と嬉しそうに声をかけてくれた。そして、向山氏は江部編集長に「江部さん、上木に本を書く機会を与えてくれてありがとう」と言った。

私は、江部編集長と向山氏に深々とお礼をした。

江部編集長は、「これからもがんばって」と、ポンと肩をたたいた。

それ以降も、単著や編著、雑誌原稿などでお世話になった。江部編集長、ありがとうございました。

法則化運動との出会い、そして……

東京都　遠藤真理子

私が教師となって三年目、当時の学年主任の先生から「読むといいよ」と貸していただいた本が、向山洋一著『授業の腕をあげる法則』であった。教育書の中でこんなに面白く一気読みのできる本に、今まで出会ったことがなかった。

読んで思った。世の中には、何と自信たっぷりに自分のことを書ける人間がいるものか。本当にここに書いてあるようなことをやっているのだろうか、と。しかし、そこに書かれていることには一々納得できた。これを読んだだけで授業がうまくなったような気さえした。いつか向山氏の主宰する「京浜教育サークル」に参加したい、とさえ思うようになっていた。運のよいことに、当時同学年を組んでいた村田斎先生に誘われ、「大田の会」という法則化サークルに参加することになった。

それまでに何回か参加した研究会と違い、法則化サークルはレポート持参が原則である。いい加減な実践記録では恥ずかしいので日頃の授業も真剣にならざるを得ない。他の先生のレポートに対しても自分の考えを求められる。このように、参加者同士が対等に意見を述べ合うことができるところにも魅力が感じられた。さらに、サークルに参加している先生方が、次々に明治図書の雑誌に論文を発表していることを知り、自分もそのような実力をつけたいと思うようになった。

初めて原稿依頼をいただいたのは、「授業研究」別冊で「算数科発問の定石化」というテーマであった。原稿を書くにあたり追試すべき実践をさがし、他学年の先生にお願いして授業をさせていただき、サークルで検討していただいてお送りしたのである。

江部編集長とお会いしたのはこの後だった。確か二十代合宿のパーティーの時だ。名前を名乗るとすぐさま、「いい原稿でしたよ」といって下さったのを昨日のことのように鮮明に覚えている。名もない教師の私のことなど、ましてや原稿を書いたかどうかなど、失礼ながら覚えていて下さるとは考えてもいなかった。感激した。

その後、私は一九九一年四月から二〇〇九年三月までの十八年間にわたり、「教室ツーウェイ」で「真理子のザ・宿題」を連載することになる。毎月四ページのファックス教材を書き続けるのは私にとっては大変で、時には江部編集長自らの手による督促状をいただき、慌てて机に向かったことも今となっては良い思い出である。

連載が始まる少し前に、私は念願叶い中央事務局に入れていただいた。今でこそいくつもTOSS事務所があるが、向山氏のご自宅が会場であった。錚々たるメンバーの中で小さくなりながらも次々と出される提案にわくわくしながら聞き入った。拙宅が向山氏のお宅のすぐ近くであったことと私自身がまだ身軽であったので、向山氏が行かれるところにはどこにでもついていった。各地で行われる向山洋一講演会や教え方教室、スミソニアン博物館、上海実験小学校では向山氏の前座として漢字ビンゴの授業もさせていただいた。

教材作りも面白かった。セシールの幼児教材作りでは、ベネッセに追いつけ追い越せと必死にワークブック作りに励んだ。他にも啓林館の塾向け教材、光村のあかねこ計算スキル・カタカナスキル、うつしまるくん、正進社の国語テストなどなど、普通の教師ならあり得ない経験をすることができた。

一冊の本から法則化運動を知り、少なからず授業の腕を上げることができ、教育雑誌に原稿を書くことができ、一教師がお会いすることができないような方と出会い、最先端の体験をすることができた。今後も新たな企画を楽しみに、TOSSで学び続けたい。

分析批評講座　参加から連載へ

神奈川県　森川敦子

一、その知的高さにすっかり魅了された分析批評講座

初任者の時に、職場の先輩から「教室ツーウェイ」四月号をもらったのがきっかけで、「法則化」を知りました。始業式を終え、教室で教壇に立ち、五年生四十名と向き合った途端、「わたしはこれから何をすればいいんだ？？？」と途方にくれました。明日からどうしたらよいか分からないわたしは、書店へ走りました。「教室ツーウェイ」を読んでいたので、向山洋一氏の著作を書店で探しました。

「教室ツーウェイ」や法則化の本の読者となって、一年が過ぎようとしていた時のことです。「教室ツーウェイ」で紹介されている様々なセミナーに、一度行ってみたいと思っていたのですが、一緒に行く人もなく、ずっと参加を迷っていました。でも、思い切って、年度末の三月、分析批評講座に申し込みました。

会場には、江部満氏が来ていました。初めて見る論文審査、そして、江部氏と向山氏とのやりとりの中で、評定Ａの論文が即出版企画へとつながる場を目の当たりにして驚きました。

分析批評講座は、私が知っている国語の授業とは全然違っていました。誤解を恐れずに言うなら、「答えは一つである」という国語の授業の知的高さに、圧倒されました。「どんな感想を持っても自由。国語の答えは無数にある」そんな国語の授業とは、雲泥の差でした。

分析批評講座の知的高さにすっかり魅了された私は、その勢いで懇親会にも参加しました。懇親会には、江部氏も参加していました。

「天下の俊才を集めて事を為す、これ男子の本懐！」

と、意気揚々と杯を掲げる江部・向山両氏の様子は、今でも脳裏に残っています。

二、原稿依頼

初めて私の原稿が活字になったのは、「教室ツーウェイ」でした。どうやら届かない原稿があったらしく、石黒修氏から、もしも、至急書けるなら……ということで、原稿依頼がありました。もちろんわたしは二つ返事で受けて、書いて送りました。書店で「教室ツーウェイ」を手に取り、自分の原稿を見つけたときは、「本当にわたしの原稿が載っている……」と感激しました。

その後、様々な原稿を書く機会がありました。なんと、「教育科学　国語教育」に、向山氏とリレー連載することとなりました。当時、セミナーやサークルで家を空けることの多かった私を、父は心配していたようで、「一体、うちの娘は何をしているんだ?」と、教育技術法則化運動に参加することを快く思っていませんでした。でも、「教育科学　国語教育」に連載することを、次のように父に告げると、態度が一変しました。

「お父さん、今度、『教育科学　国語教育』という雑誌に、連載することになったのだけど、この雑誌は、大学の先生達が書きたくてもなかなか書けない雑誌で、連載なんてとってもすごいことなんだよ」

それ以来、父も応援してくれます。セミナーのパーティー会場で、江部氏が、

「先生の連載原稿、なかなか評判よいですよ」

と声をかけてくれました。本当に有り難く思いました。父との和解!のことを伝えました。

早稲田での分析批評講座でお顔を拝見してから十二年、このご縁に深く感謝申し上げます。

編集者としての気概を学ぶ

千葉県　根本正雄

江部満編集長は、常々、雑誌は提案がなければいけないと主張されていた。たんなる実践の発表ではなく、問題提起がなければならないと言われた。

法則化運動誕生以来、江部満編集長には、多くのことを学ばせていただいた。年に一回、江部満編集長、樋口雅子編集長と「楽しい体育の授業」の編集会議を持たせていただいた。年間テーマ、編集プランの検討である。

その中で学んだのは、江部満編集長の編集者としての気概である。正義感が強い。情に厚い。不屈の精神を持っている。探究心が強いということである。

会議中、何度も激高されて話されているのを見ていた。「あれは許せない」という言葉を何度も聞いた。考えにぶれがなかった。社内でも法則化運動に対して風当たりが強かったという。しかし、退職まで、私たちに「同志」と呼びかけ、初心を貫かれた。正義感の塊であった。

反面、情に厚かった。人を大事にされた。私は一度も叱られたことがなかった。人が困っていれば、すぐに手を差し伸べてくれた。江部満編集長の情の深さには頭が下がった。

手元に江部満編集長の書かれた、「法則化編集者通信No・67」（一九八七・十一・七）がある。「ドキュメント『教育技術法則化運動』の誕生、遂に発刊！」というタイトルである。その中に「楽しい体育の授業」について、次のように書かれている。

「隔月刊の『楽しい体育の授業』は、読者も着実に増え始め、基盤づくりにも成功した。代表の根本正雄氏は、このほど『法則化体育学年別の指導技術』全6巻をひとりで書き上げた。これは快挙である。根本氏曰く。『これで法則化体育は不動になった。実践的理論も明らかになった』と。

一点突破ということである。このすさまじい執念はすごい。限られた時間の中で『志』を貫くには、この根本氏の行動から学ぶことは多い」

この文章には勇気を頂いた。法則化運動に対する批判は強かった。その中で強く私の実践を認め、評価してくれたのである。この文章を支えにして、月刊化へと突き進むことができた。江部満編集長の温かい、深い情に触れることができた。

一番学んだのは、不屈の精神である。国語教育界のことはよく聞かせていただいた。不当な権力に対して、断固退け、自己の信念を通されたお話を何度も聞かせていただいた。権力におもねることがなかった。私も不屈の精神を学び、三十八年間を過ごすことができた。初心を貫くことができたのは、江部満編集長の生きざまを間近で見てきたからである。

どんなときにも揺るぎない信念を持ち、突き進む姿から常に学ばせていただいた。前述の「法則化編集者通信」は、江部満氏の不屈の精神が述べられている。

最後は、飽くなき探求心の塊である。「退職されたあと、何をされますか」と質問した。「もう一度、道徳の勉強をし直します」と話された。打ち合わせでお会いすると、いつも新刊本を購入し、カバンに入っていた。

私も飽くなき探求心を持って、これからの人生を歩んでいきたい。江部満編集長からは、多くのことを学ばせていただいた。少しでも、後輩に伝えていきたい。

長い間、本当にお世話になり、ありがとうございました。深く感謝申し上げます。

信念の人は、励まし上手の先達でもある

東京都　板倉弘幸

何かの会合でいただいた文書を読み返している。

「教育界の変遷と明治図書」（明治図書社内報ウオッチング・二〇〇二年十二月二十日発行）

執筆者は明治図書相談役・江部満氏である。全六回の連載である。連載第一回目の強調点は「教育雑誌の創刊が明治図書の土台を築いた」とあった。

それを読んでいて私は驚いた。江部編集長は二十代の時、当時の明治図書の社長に三顧の礼で迎えられて入社した。しかも、江部氏はそのとき台東区立下谷中学校の時間講師を務めていたのだ。

実はこの原稿を書いた日、私の勤務校である台東区立大正小学校六年生五十人を引き連れて、柏葉中学校（旧下谷中学校）に学校見学に行ってきたばかりだった。つまり、江部編集長がかつて教師をしていた学校に私が子どもたちとともに訪れていたのだ。さらに江部編集長は「浅草」にも特別な思いを持っているという。亡き奥様の故郷でもあったからだ。これらはひとつの合縁奇縁であろうか。

明治図書の二大編集長江部満氏・樋口雅子氏の存在を知ったのは、もちろん向山洋一氏から教えていただいたからである。

昭和五十五年、私が京浜教育サークルに入りたての頃、向山氏は明治図書の雑誌にたくさんの原稿を執筆するようになった。その原稿を見せてもらっては、私達メンバーは「あの明治図書の雑誌に載るなんてすごいなあ」と羨望の眼で見ていたのを覚えている。

また、向山氏はサークルのたびに二大編集長の凄さをいろいろなエピソードを通して語ってくれた。どんなにえらい研究者や大学教授、著名な実践家、そして文部省のえらい役人だろうと一歩も引かぬ気骨の編集者として対峙する姿に、私は畏怖の念を抱いた。

私の処女出版は明治図書刊『算数科発問づくり上達法』である。三十五歳のときであった。算数の本を、その後もいろいろな機会に書かせていただいた。

算数の専門家でもなかった私が、あるとき算数の勉強を深く研究していこうと志した。それは「江部編集長が、板さんの原稿は算数が面白いと言っていたよ」と向山氏から教えてもらったからである。その言葉に私は舞い上がり、その言葉を糧にしてこれまで算数研究に取り組んできた。

それまで、学級経営や授業技術、算数、体育等いろいろなジャンルを執筆してきたが、それらの中で消去法で算数が残ったに過ぎなかったのであろうが、それでも自分にとっては何よりの励みであった。

江部編集長は、「励まし上手」の編集者といってよい。

単著を書かせてもらうようになってから、次にはシリーズ本の編著を、そして監修本まで担当させてもらうようになった。感謝しきれないほどの思いである。本の編集に関わるようになってから、江部編集長とハガキのやり取りが多くなった。

文面は分量的には多くないが、いつも明記される内容があった。それが励ましと期待の言葉である。そのハガキの文面を何度も読み返しては「よし、頑張ろう！　張り切って書くぞ！」と自らを鼓舞することができた。いつのころからか、江部編集長から送られたハガキは今でも大切にとってある。

何枚かのハガキには「算数の板倉と位置付け」「算数の専門家として」「板倉先生にはリーダーとして」と期待と励ましの言葉を何度も寄せてくださった。奮起せざるを得なかった。

けれども、私の力量不足ゆえ、企画していただいた出版が未だ実現できないでいる本が何冊もある。

これからもあきらめず出版実現に向けて尽力し、江部編集長の恩に報いたい。

教育界の人材育成マスター

栃木県　松崎　力

憧れの人がそこにいる。こちらから話しかけたいが、なかなか勇気をもって話しに行けない。そうこうしている間に、チャンスを失ってしまった。

そんな経験はないだろうか。

そのようなとき、憧れている人の方から歩み寄ってきて、笑顔で握手を求められたら、どんなにうれしいだろうか。

心躍る気分になるだろう。その憧れの人にますます畏敬の念をもつはずだ。

そのような人物、それこそが江部満氏である。

二〇〇五年十一月、栃木県宇都宮市で第十九回日本教育技術学会が行われた。テーマは、「授業で構築する〝知・徳・体〟を提言する」である。

日本全国から参加者が七百人。大盛会のうちに会は終了した。

このような機会を与えていただき、しかも私は授業者として参加することができ、大変感謝をしていた。

その折、江部氏から「先生の行ってきた実践をまとめてみませんか」というハガキをいただいた。

それまで編著、共著で出版に関わらせていただいたことがあった。

しかし、単著という機会はなく、自分自身の中にも「まだ自分には書けないだろう」というどこか後ろ向きの考えがあった。

そのような消極的な私を後ろから押していただくお話であった。

早速原稿づくりに取りかかった。おかげさまで「教師のスキルアップ術」として『誰だって授業が上手になれる』『ＡＤＨＤ・ＡＳ児が生き生きと活躍する指導法』『提案性のある授業への挑戦』の全三巻を単著として出すことができた。

地域内で行われる研究会の折、教育事務所の次長氏から「先生の三部作、読んだよ。記録にまとめておくというのはとてもいいね」という労いの言葉をもらった。大変うれしい思いをしたことを今でも記憶している。

他にも、多くの同僚や先輩からも、賞賛の言葉をいただいた。教師にとって、本を出すということは一大事業なのだ。一生の中で、一冊の本も書かずに退職をするという教師の方が、圧倒的に多い。

このような機会をいただいたことは、すべて江部氏から届いた一通のハガキから始まったことだった。

そして、冒頭のシーンだ。

江部氏に感謝のことばを述べようとするが、江部氏の回りにはいつも多くの重鎮が取り囲み、なかなかそこに割って入ることはできなかった。

すると、江部氏は私を見つけると自分から足を運び出し、開口一番「おお、同志!」と言って、私の手を力強く握ってくれた。ありがたかった。

現在、人材育成ということが声高に叫ばれている。米百俵の例に代表されるように、それは今に始まったことではなく、人類の長い歴史の中で、常に大いなる課題として存在してきたことである。

江部氏は、教育界の一隅を照らし、そこから人材となりうる人物を見つけだし、そしてステージを用意する。

そのステージからは、多くの教師が飛び立っていった。

江部氏こそ、まさに教育界の人材育成マスターである。

日本の教育を動かす出版

「初めての出版」が、今の自分に生かされている

栃木県　松本一樹

『到達目標の数値化で大変身！　小五経営のマネジメント』（松崎力　ＴＯＳＳ下野教育サークル編著、明治図書）に原稿を書いたことが、自分が出版に関わることができた最初でした。出版されたのは、二〇〇五年。今から六年前のことでした。

ＴＯＳＳ栃木代表の松崎力氏が編著者として、栃木の全てのサークルにおいて、一年生から六年生までの『経営のマネジメント』の本が作成されることになりました。

自分は、教師になって五年目でした。ＴＯＳＳサークルで学び始めて三年目を迎えようとしていました。日々の授業をどのように実践していくか、配慮を要する子どもたちにどのように対応をしていけばいいか、悩みながらも精一杯生きていたことを思い出します。しかし、ＴＯＳＳで学ぶ前と後では、教室の子どもたちの動きが、がらりと変わりました。そのことに充実感を覚えながらも、まだまだ試行錯誤していた毎日でした。

そのようなとき、自分の書いた原稿が本になることは、全く予想もできなかったことでした。「自分のような若輩者が書いた原稿を読んでくれる先生がいるのだろうか」。そんな不安を感じました。自分が担当した原稿は、次の三つでした。

①八〇パーセントの子が、黙って素早く集合（整列）できる
②八〇パーセントの子が、十分以内に三百字の視写をすることができる
③八〇パーセントの子が、心を込めて卒業式に参加できる

まず、自分がこれまでにやってきた実践を振り返りました。上手くいったときもあれば、上手くいかなかったことも、当然ありました。次に、それまでの過去の実践を調べました。そして、何とか自分なりの

原稿を書きました。

次に、サークルの先生方に見てもらいました。自分一人では、分からなかった点を、いくつも指摘してもらいました。その後、書き直してはまた見てもらい、書き直しては見てもらうということを何度も繰り返していきました。

こうして、夏休みのほとんどが過ぎていきました。完成したとき、一つのことを成し遂げたことへの達成感がありました。栃木のサークルが一丸となって作成することができた記念すべき出版だったと思います。

出版の際には、TOSS栃木のメンバーで記念パーティーを行いました。それもまた、楽しい思い出として覚えています。

今改めて思い返してみると、このときの原稿で書いた内容が、今の自分の教師人生に大いに役立っています。原稿を書くことで、自分の実践を振り返り、それまでの過去の実践を研究することができます。そして、そこで得た内容を、教室の実践に生かすことができるのです。特に、「経営のマネジメント」という視点を得ることができたことは、学級経営にも生かされました。常に、そのような視点から、子どもたちの動きを見ることを学びました。

その後も、明治図書の江部編集長、樋口編集長、各原稿担当者の皆様と出会うことで、たくさんの原稿を執筆させていただく機会を得ました。本当にありがとうございます。

原稿を書かせていただけることの責任を、常に肝に銘じ、それに見合う実践を積み重ねていくことを、これからも自分に課していきます。

法則化（TOSS）との出会いで、すべてが変わった

茨城県　郡司崇人

一　TOSS以前の私

新卒で教壇に立った。根拠のない自信だけはあったが、すぐに挫かれた。小学校三年生、三十一人。毎日が慌しくリズムがつかめなかった。授業もめちゃくちゃ、ケンカも頻繁だった。子どもや保護者からの信頼は微塵も感じられず、子どもとの距離は開く一方だった。子どもを怒鳴ることが多くなった。朝からため息をつく日が多かった。

二　サークルに誘われて

クラスを何とかしたいという思いが募り、市採用の井上氏の誘いもあって、「法則化サークル鹿島」（桑原和彦代表）の門を叩いた。すでに十二月になっていた。初めての模擬授業では頭が真っ白になった。内容は覚えていない。恥を忘れて真剣に学ぼうと誓った。まずは特に崩壊していた算数から学び始めた。変化は三学期に訪れた。いつも五十点くらいだった子が八十点を取った。学級の平均点も少しずつ上がった。つぶやきから、算数を楽しみにする子が増えていることが分かった。

三　事件をきっかけに

二月になり、事件が起きた。国語の時間、「念のため、次読む所に指を置きなさい」と指示をした。「お隣と確認しなさい」「優しく教えてあげなさい」と言った。面倒見のいい女子のFさんが、やんちゃなA君の教科書に指を置こうとした。その時、A君は「さわんなよ」と、Fさんの手を払いのけたのだ。教室に私の怒鳴り声が響いた。初めて極限まで感情的になった。教室は静まり返った。恐怖におびえる子ども

たちの顔が目に入った。あわててその子を教室から出した。説教をした。効果はなかった。A君は腑に落ちない顔をしていた。本当に困った。

その日の夜、サークルMLに一部始終を報告した。すぐに、メンバーの沼田氏からの長文の返信があった。どう指導したらいいか、どう語ったらいいかを示してくれた。翌朝、すぐに指導をした。全体を見渡しながら、丁寧に言葉を発した。A君を孤立させ、全員を味方につけた。シーンとなってみんな聞いていた。時間は四分くらいだった。これをきっかけに雰囲気が変わった。フォローもできたので、A君とも関係ができていった。このような問題は、それまでもあったが、見落としていただけだったと思った。サークルとMLの力が大きいことを実感した。

四　二年目の変化

翌年も三年生を担当した。前担任からどうしようもないと言われたB君がいた。授業に参加せず、勉強をあきらめていた。そんなB君が、二学期には変化した。私に飛びついてきて、「先生のおかげで算数が好きになった。だって楽しいから」と言ってきた。テストで九十点以上を連発した。「百点じゃなくて悔しい。次は満点を取りたい」と言った。さらに、秋の保護者との二者面談では、三割の保護者から「学校が楽しいと子どもが言っている」と言われた。二名からは、「うちの子って、こんなに勉強できるんですか」と喜ばれた。担任として、最上級の評価である。子どもの喜び、保護者の喜びは、私の喜びにもなる。

TOSSで学んでいたからこその結果である。教職二年目の私は、確実に成長を実感していた。向山洋一氏は言う。**「学び続ける教師だけが、子どもの前に立てる」**。これからもTOSSで学び続け、TOSSを待っている教師と出会い、輪を広げていく。

手帳に、自分の名前が書き込まれた瞬間から「書く」修業が始まった

福岡県　小田原誠一

教師二年目（一九八六年）の五月、私は、教育技術の法則化運動の第三回二十代講座に参加した。「三十秒スピーチ」で、私は、次のような話をした。

法則化運動に参加すると、お金がかかります。私の商売人の母は、「なんでそんなにお金がかかるのに、東京に行くんね」と言います。私は、「法則化運動で勉強したら、雑誌や本に自分の原稿が載って、原稿料が入ってくるんよ」と言うと、「それじゃ、行って来なさい」と、一発で許可がおりました。

今、思い出すと、何とも恥ずかしい三十秒スピーチだが、会場は、大爆笑だった。
スピーチ終了後、座席に明石要一氏がやって来て、「小田原先生、今、江部さんがあなたの名前を手帳に書き込んでいたよ」と、ニコニコ顔で教えてくれた。
私は、その意味が分からず、北九州に帰った。

「国語教育」八七年四月号　『手ぶくろを買いに』を「分析批評」で教える
「現代教育科学」八七年五月号　評論文は、教師の力量を示す

しばらくして、立て続けに三本の原稿依頼が届き、私は、初めて自分の実践を報告する。

教師になった私には、夢があった。

「教師になって一度でいいから、自分の実践を雑誌に書くこと」


それは、遠い遠い遥か彼方の出来事だと思っていた。

大学時代、私は、明治図書の「現代教育科学」「国語教育」「授業研究」誌を読んでいた。

卒論テーマは、「ゆさぶり論の検討」だった。

社会科専攻だったが、私は、当時熊本大学助教授（現三重大学教授）の山根栄次氏から、国語教育の「出口論争」を読むようにすすめられた。

そこには、東京大学の吉田章宏氏や千葉大学の宇佐美寛氏、そして、向山洋一氏の名前があった。

教育雑誌に論文が書けるのは、大学の先生だと思っていたが、小学校教諭の向山氏の論文を読み、いつの日か、自分もこのような実践を書いてみたいと思ったのである。

向山氏を抜擢したのが、江部編集長。

以後、法則化運動に参加する若い教師に次から次へと執筆の機会を与え、今のＴＯＳＳの前身の法則化運動を支えていった。

私の夢も、江部編集長との出逢いで実現した。

江部編集長なくして、今の私もなく、ＴＯＳＳもない。

江部編集長は、私の亡き父と同じ年。

私の教師としての「育ての父」である。

これからもずっと私たち日本の教師を見つめ、育てていって欲しい。

教師って素晴らしいと思えるようになった

千葉県　並木孝樹

【江部編集長の気概を伝える】

「同志のみなさんこんばんは！」という第一声から江部編集長のスピーチが始まる。法則化・ＴＯＳＳの大きなセミナー、研究会の懇親会でのスピーチである。江部編集長の退職にあたりいろいろな場面を思い出した時、この力強いスピーチが思い浮かんだ。江部編集長は法則化誕生、あるいはそれ以前から教育界を見つめ真実を追求されていた。

江部編集長とお話しする機会はほとんどなかったが、機会あるときはそのお姿を遠くから拝見し、凛とした立ち居振る舞いが印象的だった。「現代教育科学」の編集長を五十年も務められ、その記録はギネス記録として認定された。正に世界一の編集長である。本当にすごいことだが、すごいという言葉では表現しきれないほどの実績であり、教育界への功績は計り知れないといえる。

樋口雅子氏によると江部編集長は「僕は運動家だ」とおっしゃっているようだ。正に運動家として法則化・ＴＯＳＳの運動の一翼を担っていたことは間違いない（私が言える立場にはないが…）。江部編集長とともに法則化・ＴＯＳＳの一員としていられたことは大変光栄であり、心から感謝している。

江部編集長の残してきた運動家としての気概を受け継ぎ、後世に伝えていきたい。それが私のＴＯＳＳの一員として、教師としての大事な仕事でもある。江部編集長には改めて感謝するとともに益々のご健勝を心からお祈りしている。

【教師って素晴らしいと思えるようになった法則化運動・ＴＯＳＳ・向山氏の本との出会い】

法則化運動との出会いは二十年前に遡る。大学の先生からご縁をいただき私立小学校で採用となった。

そこに奥清二郎氏（ＴＯＳＳ大阪）が勤務されていた。当時、授業についてたくさんのご指導をいただいた。その時に奥氏が持っていた雑誌が「教材開発」「教室ツーウェイ」だった。そこで向山洋一氏、野口芳宏氏の名前を知り、憧れるようになった。千葉で公立小に採用され、縁があって野口氏のサークルにお世話になり、そこで本格的に法則化の存在を知った。

最初は「法則化」という名前にちょっと抵抗感があったが、まずは本を読んでみようと思い、最初に手にしたのが『授業の腕をあげる法則』（明治図書）だった。一気に読み、衝撃を受けた。今までの自分の指導はまるでなっていない、教師の仕事をわかっていない、そのことを痛感した。その後向山氏の本を立て続けに読み、もっと勉強しなければと思いセミナーに参加させていただいた。「法則化サマーセミナー」だった。向山氏の講演を聞いて体中に電流が走ったという感覚を覚えている。知的で全てのことが新鮮だった。さらに勉強したいと思っていた。まずはサークルをつくることを考え、セミナーで出会った仲間を誘いサークル結成となる。

新採で法則化、向山氏の名前を知り、サークルを結成するまでは四年もかかっていた。もう少し早く出会いたかったという思いもあるが、その四年は必要な準備期間だった。結成時は五名のメンバーで細々と活動していた。サークルはまだ続いている。今年で十一年目を迎え、二十名の仲間とともに学ばせていただいている。結成時からの仲間はたった一人になった。

向山氏、法則化運動、ＴＯＳＳに出会って本当によかった。出会っていなければ今頃私は教師を続けていただろうか、学校を楽しいと思いながら過ごせただろうか、授業がうまくなりたいと心底思っただろうか。否である。教師って素晴らしいと気づかせてくれたのは間違いなく向山氏であり法則化運動であり、ＴＯＳＳの仲間である。このことを多くの仲間に伝えることが私の教師としての大事な仕事だ。

全国の同志と出会う場

山梨県　雨宮　久

セミナー会場で、目が合うと笑顔で手を差し出してきた。一瞬、何のことかと思ったが、握手だったのだ。私のような未熟者の顔を覚えてくださり、手を差し出してくれたことに驚きと感激を覚えたことを思い出す。

「いいでしょう？　ご自分の著書名で本が出るのは」

まっすぐに私を見て江部編集長が言ったのを今もはっきりと覚えている。

私が本を出せるようになったのも、法則化運動を知ったのも、向山洋一先生との出会いがあったのも明治図書の本、雑誌を通してだ。

新採用二年目の夏、明治図書の教育雑誌で「向山洋一」という名を知った。その論文に衝撃を受けた。理論的なことがほとんどの中、向山先生の論文は、具体的であり、子どもの事実がすべてであった。すぐに教室に行き、試したいと思った。自分も実感したかった。

それから向山先生の本をむさぼるように読むことになる。すぐに私は法則化運動に参加し、明治図書の雑誌、本を定期的に読み始めた。

法則化運動を一緒にやる仲間を県内で集めようと考えるようになった。本を複数冊購入し、車のトランクに入れておいた。地域の研修会、学習会、他校での会議、研究会があるたびに知り合いを誘い、本を紹介した。やがて一人、またひとりと仲間が増えていった。ともに学ぶ同志を見つけてくれたのも、法則化運動であり、明治図書であった。

「編集長」という立場の人の名前を知る事になったのも、法則化運動を取り上げていた明治図書の雑誌だった。法則化の合宿、セミナーに参加すると向山先生がお話しする。その相手が、江部編集長と樋口編集長だった。

ある日、江部編集長から「本執筆」の依頼が来た。

飛び上がるほどうれしかったと同時に不安でもあった。

「雨宮は、まだ力がないから執筆を機会にもっと勉強しなさい」

そんなメッセージと勝手に解釈し、承諾した。

なかなか書けず原稿の途中経過の連絡を入れた時も、すぐに返事のハガキが来た。「待っています」という文面を見て、奮起したのを覚えている。

長い間、編集長という立場で「教育界」を見ていた江部氏は、ただ単に本を作る、読者を増やすという意識だけではなく、「日本の教育をどうするか」という視点で編集をなさっていたこともわかってきた。

「会社と仕事をするのではない。人と仕事をするのだ」（向山氏）

江部満氏という「人間」にこそ魅力がある。だから、人が集まり、人を動かす仕事が生まれたのだと、今改めて思う。

江部編集長。数々の人を「活字」を通して世に知らせてくださったことに感謝したい。その仕事がなければ、私は、向山先生を始め、全国の人たちと出会えていなかった。本当に、ありがとうございました。

法則化運動との出会いは『授業の腕をあげる法則』から

兵庫県　溝端達也

私が法則化と出会ったのは、新卒二年目の秋のことだった。場所は、明石市陸上競技場で陸上大会の引率の帰りに、ふと立ち寄った駅前の本屋。私の目にある本の背表紙が飛び込んできた。

『授業の腕をあげる法則』　向山洋一著　明治図書

「何だ、この本は‼」

いきなり、心臓をわしづかみにされたような感覚だった。今まで自分が求めていたことが全部書いてあるではないか。

指示の意味を語らなければならない。そして、ここが大切なのだが、語り方は、短い方がいい。

「教室をきれいにします。ゴミを10個拾いなさい。」

この程度がいい。

（『授業の腕をあげる法則』）

これまでの私は趣意説明という言葉を意識していなかった。指示も思いつきでだらだらとしていた。「号令」「命令」「訓令」の違いなどまるで知らなかった。当然、使い分けもできていない。

気がつくと、その場で二時間程度、立ち読みをしてしまった。そして、読んだばかりの『授業の腕をあげる法則』と隣にあった『続・授業の腕をあげる法則』をもって、レジに向かっていった。

その日の内に読破した。次の日、また同じ店に行った。本棚にある「向山洋一」と書いてある本を全てレジに運ぶ。レジでの支払いは、二万円を超えていたのを覚えている。

向山洋一氏の本はとにかく面白かった。教育書でこんなに面白い本は出会ったことはなかった。

まさに、一気読みだった。「ツーウェイ」という雑誌があることを知り、それも買うようになった。毎月楽しみで仕方がなかった。読んだことは、次の日に教室で実践した。これまでの自分の授業が明らかに変化するのはわかった。

「先生、今日、社会科ある。おれ、四年生になって、社会科好きになった」

私の授業に対して、子どもたちがそんなことを言ってくれるようになった。うれしくて、うれしくて、授業の準備にも熱が入っていった。物もたくさん持ち込んで準備するようになった。この時、腹の底からの実感と子どもの事実を得ることができた。

六年目に神戸大学附属明石小学校へ異動になった。附属小では夜遅くまで研究をやっている。そのために、次第に、サークルへ足が向かなくなった。サークルへ全く行けない数年間の空白があり、あるとき、附属小研究部で「授業力を上げる研修計画を立てよ」という仕事をもらった。当時、関西フレッシュセミナーが開催されている所であった。そこへ申し込みをした。そこで出会ったのが谷和樹先生であった。

「こんなに授業の上手い先生がＴＯＳＳにはいたのか」

すぐにメールで谷先生に直接、「サークルに参加させてほしい」と書いた。すぐに返事がきた。

そこからＴＯＳＳへの道が始まった。

初めての出版　十年で単著を出せた

千葉県　細羽正巳

一　初めての原稿依頼

単著を出すのが夢だった。

単著を出したいという願いを持っていればだれでも出せる。

一番はじめに書いたのは、「教室ツーウェイ」誌の原稿だった。何度も参加していた「向山洋一教え方教室」のアンケートにはいつも「執筆希望　有無」の欄があった。参加して間もない頃はその欄は空白のままアンケートを提出していたが、十数回目に、勇気を出して「執筆希望」の「有」に○をつけた。

しばらくして、「教え方教室事務局」の師尾先生から、「教室ツーウェイ」誌の執筆依頼が来た。タイトルは「教え方教室・セミナーで学んだこと」の一ページ原稿だった。今から十一年前の二〇〇〇年のことだった。この原稿は、向山洋一先生から褒められた。うれしかった。

二　妻との共著

単著への一つの弾みとなったのが、妻と『朝学習10分問題集2年』を共著として出す話をいただいたことだった。二〇〇四年、B5判百二十八ページの原稿の約半分を書くのだが、なんとか締め切りまでに間に合った。途中で原稿を向山先生に見ていただいたら「きれいだからいいんじゃない」と言われた。「問題集はきれい、美しいことが大切」なのだと知った。

三　雑誌への連載

年間十本程度の雑誌原稿の依頼があった。

初めて雑誌への連載が始まった。「家庭教育ツーウェイ」誌の連載だった。二〇〇六年が「ライフスキル教育」、二〇〇八年は「今月の暗唱」で、いずれも二ページだった。一年間の連載をやり終えたことで自信のようなものが芽生えた。だが、まだ単著は「夢のまた夢」だった。

四　単著を出せた

二〇〇八年、ついに単著の依頼をいただいた。一年生の保護者会向けの話集の本だ。他の学年も中央事務局員が依頼を受けていた。書けるようでなかなか書けなかった。半分くらいで筆が進まなくなった。締め切り日を過ぎても書き終わらなかった。明治図書の樋口氏からメールで進捗状況を尋ねられる。諦めようとも思った。

しかし、ここで諦めたら、もう単著は二度と出せないと思った。「細羽に書かせてみよう」とチャンスをくれた人たちの恩を仇で返すことになる、とも考えた。そして一年以上かけて、やっと何とか書き終えることができた。最後は本当に「産みの苦しみ」を味わった。

そして、二〇一〇年五月、初めての単著『信頼される教師の保護者会マニュアル　小学一年担任用』が書店に並んだ。A５判百三十六ページだった。親にも持っていって渡した。喜んでくれた。サークルのメンバーたちも祝福してくれた。サプライズの花束をもらった。仲間がいてくれて、支えてくれていることを改めて実感した。

初めて雑誌に原稿が掲載されて、ちょうど十年目のことだった。

私の進む道を常に支えた「五色百人一首」シリーズ

東京都　小宮孝之

長い間、お疲れ様でした。そして、どうもありがとうございました。

今、改めて、教育技術法則化運動からの流れをくむＴＯＳＳの数多の活動と挑戦は、江部満編集長が出版界の教育書部門のトップに君臨され、常に問題を提起し続けてくださったからこそ、飛躍的な発展を遂げ、現在の確固たる地位を築けたのだと実感しています。

江部編集長は、組織の幹部たちを盛り立ててこられただけでなく、これから世に出て行くであろう若手を、心から応援してくださいました。そのお陰で、私は今、ＴＯＳＳという場で挑戦し続けることができているのだと思います。

思えば、「五色百人一首」関係の書物をたくさん出させていただきました。今の私が「五色百人一首」で活躍できるのも、明治図書さんの惜しみない応援をいただけたからです。特に最初に出版した「授業で使える『五色百人一首』小話集」は十九版を重ね、今だに私の代表作となっています。

ＴＯＳＳの機関誌「教育トークライン」誌の連載として執筆を始めたのが一九九三年の春でした。明治図書さんはまだ駆け出しの若造の渾身の原稿に着目し、出版の機会を与えてくださいました。私がＴＯＳＳに生涯を捧げるきっかけとなったのは、このことにほかなりません。そして毎年、秋になると「教室ツーウェイ」誌では五色百人一首のミニ特集が組まれま

した。そのトップページに、毎回、向山洋一先生との見開き扱いで原稿を書かせていただいたこと、これは私にとって最大の励みであり、誇りでありました。

後年になってからは、多くのご心配とご配慮をいただいた「五色百人一首で学級づくり」の出版がありました。これは私が初めて監修を務めたシリーズものとして、生涯忘れられない出版となりました。全国のいくつものサークルと連携をとり、TOSSのネットワークを強固なものにしてくださったのは、このシリーズの出版機会を与えてくださったことが大きな要因でした。

江部編集長には、まだまだご指導いただかなければならないことが山のようにあります。今日のパーティーの日は、大変に喜ばしいことであり、また感慨深いものでもあります。一つの区切りとして、心から感謝の気持ちをお伝えするとともに、これからのさらなるご活躍、また、ご健勝をお祈りする機会として馳せ参じました。

今後も私たちをずっと見守っていてください。本当にお疲れ様でした。

学級崩壊～法則化との出会い　そして、教師修業

茨城県　井上敬悟

一　崩壊してめぐりあう

初めての講師は中学教師であった。その年、学級は崩壊した。産休代替とはいえ、崩壊への言い訳にはならなかった。クラスの子どもに申し訳ないと思うと同時に、自分の教師としての力のなさに愕然とした。採用試験の勉強ははかどらず、ふらふらと出かけては、日が暮れた頃に帰る日々が続いた。

崩壊して三ヶ月が過ぎた頃、ふと入った本屋で向山氏の本（向山洋一全集5巻「入門期の国語授業」）と出会った。国語専門だった私は、表紙にある「入門期」という言葉に何か惹かれるものがあり、パラパラとめくってみた。瞬間、脳裏にビリビリと衝撃が走ったのを感じた。当時読書嫌いであった私が、そのまま半分ほど一気読みをした。

そしていくつかの題材や指示を真似してみた。学級は崩壊していたが、かすかな変化を感じた。

それから、向山氏のとりこになり、東京都の採用試験を受けようとも思った。本もたくさん読んだ。

当時私は、中高国語の免許しか持っていなかった。向山氏の本を読む度に、小学校教師への想いが募り、二年かけて通信教育で小学校の免許を取得した。

翌年、たまたま読んだ「向山型算数教え方教室」という冊子で本県にも法則化の先生がいることを知った。現ＴＯＳＳ茨城代表の桑原和彦氏である。同時にサークルもあることを知った。

そして翌年、採用試験に二十八歳という遅咲きながら合格することができた。

二　桑原和彦氏とニアミス

配属先が、鹿行地区（鹿嶋・神栖方面）と知った瞬間、ドキドキした。というのも、桑原氏が勤務する

学校が、神栖市内であったからである。

合同庁舎での面接では、「神栖市に配属」と言われ、同じ学校に配属か⁉と思ったが、残念ながら隣の学校であった。しかし、これが法則化運動との出会いのきっかけになったのは、いうまでもない。

そして、記念すべき第一回ＴＯＳＳデーに参加した。

同じ市内のＴＯＳＳ教師、柴田泰士氏に誘われての参加であった。たまたま、同じ勤務校に柴田氏の奥さんとなるＴＯＳＳ教師、高口国香氏がいたのも運命であった。

ＴＯＳＳデーでの研修は、私の期待度をはるかに超えるものであった。鹿行会場と水戸会場と二つ参加したが、特に、ビデオで向山氏の映像を拝見して、大変感動した。

向山氏に関しては、講師時代に百人一首テープでの肉声や雑誌等で、かってに先生像をイメージしていた。映像で見る向山氏の指示や一挙手一投足を食い入るように見続けた。

それから三ヶ月。

サークル鹿島の門をたたいた。毎回わくわくしながら、退勤時間に見通しをもって参加したことを今でも思い出す。初任研では、もっぱらＴＯＳＳの本を持参して読んでいた。

そして教職二年目で、原稿を書く機会を与えていただいた。今読み返してみても稚拙な文であるが、冊子「楽しい体育」の一ページに掲載していただいた。原稿書きは、ＴＯＳＳだからこそ実現できた世界である。これは編集長である江部氏の計らいであろう。門戸を広くして、教師人生に、一つの生き甲斐を与えてくれた氏に感謝している。それからも幾度も原稿を書く機会をいただき、修業させていただいている。

ちなみに初原稿の冊子は、今でも神棚に飾ってある。

現在は、教師経験及びＴＯＳＳ教師九年目となり、ＴＯＳＳ茨城副代表を務めている。

法則化との出会いが教師としての自信を与えてくれた

東京都　**鈴木康一**

教師という仕事は素晴らしい。そのことを教えてくれたのは、向山洋一先生であり教育技術法則化運動であり、そして江部満編集長であった。

学級経営に行き詰まる。明日の授業をどうしてよいか分からない。職場の仲間に相談しても、慰めてくれるだけで解決の手立ては見つからない。困難な状況に陥り、藁をも掴む思いで本屋に行く。そういった教師の多くが、「向山洋一」「教育技術法則化運動」に出会っている。私もそんな一人であった。あの時、「向山洋一」「教育技術法則化運動」に出会っていなければ、今の私はない。

私は、教師生活を伊豆大島でスタートさせた。教育書を扱う本屋は島に一つ。教育書の数も質もお粗末なものであった。東京（島の人達は、都内のことをこう呼ぶ）に来た時にはいつも、神保町の本屋に行って、両手と背中に背負えるだけの本を買い込んだ。金額にすると毎回十数万円分になった。

島に帰っても釣りをするわけでもダイビングをするわけでもなかった。毎日、貪るように本を読んだ。買った本のほとんどは、何回読んでも理解できなかった。内容が理解できないのは自分の力量が低いからだと悔しかった。学校の研究で一読総合法が紹介され、本を読んでみた。理論は何となく分かったが、実践してみると子どもの反応がばらばらでとても授業にならなかった。いくら本を読んでも教師としての力量が上がっている実感はなかった。それでも、子どもにとって価値ある教師になりたいという情熱は火の玉のように燃えたぎっていた。

そんなある日、向山先生の『跳び箱は誰でも跳ばせられる』（明治図書）に出会った。教育技術法則化運動という言葉も向山先生の名前も知らなかった時である。たまたま買ってあった本の中に、この本はあった。

衝撃だった。こんなに凄い教師が日本にいたのかと思った。主張が明確であり、書いてあること全てが理解できた。本に書いてある内容に強く共感した。その日は興奮して眠れなかった。

次の日、職場で本のことを話して回った。この時に賛同した仲間は、同期の若い教師であった。一方、年輩の教師達の反応は冷ややかであった。その後、仲間達と一緒に法則化運動の本を競い合うように読み、授業を次々に追試していった。年輩の教師達は、若い教師が法則化の本に載っている授業の追試をすると非難を浴びせかけた。「猿まねだ」「オリジナルではない」。それでも、若い教師達の勢いは止まらなかった。どんなに非難されても、子ども達が変わっているという手応えがあったからだ。「先生、今日の授業楽しかったよ」と子ども達が言ってくれる。その一言で「教師になって良かった」と心から思えた。年輩の教師から非難や批判を受ける程に、教師としての情熱は燃え上がっていった。

教師になったばかりの頃、年輩の教師が子ども達に次のように言っていた。

「まちで見かけても、『先生』と声をかけるなよ」

その時に感じた違和感は今でも忘れられない。この違和感の正体は、「教師としてのプライド」である。「私は教師です」と、いつでも誰にでも自信をもって言える。教師としての生き方、教師として生きていることへの自信を与えてくれたのは、向山洋一先生であり、教育技術の法則化運動、そして江部満編集長のおかげである。

法則化運動には、教育に熱い情熱をたぎらせる教師が大勢参加した。しかし、それだけでは歴史に残るような巨大な教育運動にまで昇華することはなかった。明治図書の江部満編集長の果たした役割は歴史に刻まれるべきものである。偉業に対して感謝の気持ちを表したい。

向山氏の本との出会いが教師人生を変えた

熊本県　守田のぞみ

一　荒れた学級で見えた一筋の光

一冊の本との出会いで、私の教師人生は変わった。

初めて担任を持ったとき、当然のように学級は荒れた。荒れている状態がどんなものなのかさえ、分からず、どうすればいいのかも分からずひたすら精一杯やるしかなかった。見るに見かねてのことだったと思う。同学年の先生が、一冊の本を貸して下さった。

向山洋一氏の『授業の腕をあげる法則』だった。

毎日くたくたなのに眠れない日が続いていたが、その本を読んだときは、頭がさえわたって眠れなかった。そして一筋の希望が見えた。それは、私の性格が問題なのではなく、技量の低さが問題だということに気づかされたからだった。

五月の連休前にはすでに教室は荒れ、自分は教師に向いていないのでは、と本気で思っていた。あんなに憧れて足を踏み入れた現場は、想像していたものと全く違っていた。子どもに振り回されっぱなし。ど素人の状態で、よく子どもの前に立っていたものだと今は思う。向山氏の本には、私のような新卒教師の失敗例が書かれていた。それを読んだとき、

「自分だけではないのだ。誰もが通る道なのだ」

と妙にほっとしたのを覚えている。そして、修業すれば私もちょっとはましになるのかもしれないという希望を持った。それから向山氏の本を次々に読んでいった。

二　ＴＯＳＳの先生方と出会う

次に行った学校で、田口広治氏と出会う。田口氏の研究授業の検討会のとき、ＴＯＳＳの本が机上にのっていた。懇親会の後、その話をすると、熊本で行われるセミナーに誘ってくれた。熊本塾主宰のセミナーだった。国語の模擬授業を受け、知的な楽しさに驚いた。そして椿原正和氏の講座でさらに衝撃を受けた。こんなに熱い志を持った教師がいるなんて！　この人から学びたい！　そう思った。その後、田口広治氏のサークルに入り、セミナーにも参加するようになった。椿原氏と吉永順一氏が講師だった二十代講座にも参加するようになった。サークルで本を出すこともできた。私の教師人生は大きく変わった。教師としての生きがいを見つけたのだ。

向山氏の本に出会っていなかったら、教師を続けていなかっただろう。本というものは一人の人生を変える力を持っている。そして私のような「一人」が、全国で何万人といるのだ。何てすごい運動なんだろうと思う。

三　日本のどこにいてもチャンスがある幸せ

熊本の名もない教師に原稿依頼が来る。椿原氏や吉永氏からそれがどれだけ、ありえないことなのか何度も教えられてきた。そのような機会を日本全国のＴＯＳＳ教師に与えて下さった江部氏に感謝してもしきれない。どんな場所にいたって、頑張っていればチャンスがある、という希望にどれだけ励まされているか分からない。書くことで本当にいろんなことを学んでいる。これからも自分の実践を、学びを書き続けたい。誰かの役に立つものを残したい。私も人の役に立つ生き方がしたい。

ＴＯＳＳ道徳発展の立役者

山口県　吉谷　亮

江部氏依頼の原稿を書かせていただきながら、実は江部氏と一度もお話をしたことはない。セミナーやシンポジウム等で時折姿をお見かけするが、畏れ多くも近づくこともできずいつも遠くから眺めているだけであった。

そんな私が江部氏に抱いているイメージは「ＴＯＳＳ道徳を発展させた第一人者である」ということである。

私の師匠河田孝文先生がＴＯＳＳ道徳の代表を務めているが、ＴＯＳＳ道徳シリーズの企画・編集の担当は江部氏である。

私は何度もこのシリーズのお世話になった。

特に一期の『生き方の原理原則を教える道徳教育』『いじめに負けない子を育てる』『いじめ発見システムをつくる』は私にとって道徳教育のバイブルである。

教師に成りたてで学級経営の右も左もわからない自分にとっては、クラスで人間関係の問題が起こったときは真っ先にこのシリーズを手にした。

いじめアンケートなど、今はどこの学校でも行われているが、いじめに対する具体的な対応をアンケートや学校のシステムとして組み込んでいくことを本の中で初めて提案したのはこのＴＯＳＳ道徳シリーズの第一期ではないかと思う。

そんな骨太な問題提起を向山先生や河田先生と協力して作り出した名編集者というのが私の江部氏へのイメージである。

そして、江部氏と私の唯一の接点になるのがこのＴＯＳＳ道徳シリーズなのである。

あるとき、第四期の中の一冊『いじめを許さない学級をつくる』を担当させていただいたのである。第四期のシリーズは十冊が発行されたが、河田先生から十冊のテーマを教えていただいたとき、真っ先に「いじめを許さない学級をつくる」に立候補させていただいた。

しかし、なにぶん本の編集など不慣れな私である。

プロットの企画から、原稿依頼、原稿催促などで多くのご迷惑をおかけしたことと思う。

しかし、そんな手際の悪い私の仕事ぶりに対して江部氏は何も言わずに最後まで自由に仕事をさせてくださった。江部氏には本当に感謝している。

編集にあたっては、自分自身の原稿も何本か書かせていただいたが、新卒時代のTOSS道徳一期を読みながら一生懸命対応した実践も掲載させていただいた。

自分にとっては、TOSS道徳シリーズから学んだことを「学級経営」という視点に絞り、より具体的な実践を元にすることで、TOSS道徳の考えを具現化できたと考えている。

お世話になったTOSS道徳へ、多少なりとも貢献できたことがうれしかった。

現在、学校現場は子どもだけに関わらず、モンスターペアレント等保護者の道徳的な問題も抱えている。今目の前で教えている子どもたちをモンスターと呼ばれるような保護者にしてはならないと強く思っている。

そのためには多くの先生方にTOSS道徳の実践を伝えていきたいと考えている。

同時にTOSS道徳の実践を広めていくことが、長年TOSS道徳シリーズの企画・編集を進めてこられた江部氏への恩返しになると信じている。

笑顔の裏にある志の高さに打たれる

北海道　青坂信司

法則化運動が立ち上がる以前、私が強烈に衝撃を受けた実践は、向山洋一先生の「自由で平等な場からの出発」であった。その当時、私は子ども集団形成に憧れ「班・核・討議づくり」の全生研の実践をしていた。しかし、それはうまくいかなかった。なにより学級の子ども達が「班・核・討議づくり」を拒否したのである。

そんな時に出会ったのが「自由で平等な場からの出発」であった。向山先生の考え方にも惹かれたが、何より子ども達が変化した。確かな手ごたえを感じた。私は、その実践をまとめ管内教研集会、全道教研集会へと参加する。しかし、どこでも私の実践は批判・非難を受けた。特にじゃんけん実践に対する拒否反応はすさまじいものがあった。

その前の年には、向山先生の跳び箱指導で管内教研に参加していた。それに対しても「子どもを全員跳ばせたから何なのだ」という感じで批判されていただけに、子どもの事実に基づかない教研集会というものに嫌悪感すら感じていた。向山洋一先生の「自由で平等な場からの出発」はどのように学級づくりをしたらいいのか悩んでいた私にとっては救いの実践論文であった。この実践論文のお陰で、私は教師としての道を歩んでいけるかもしれないと微かな自信みたいなものが私の中に生まれていったのである。

江部さんから学級集団づくりの本を書いてみないかいと言われたのが、三十一歳、一九八九年夏のことだった。法則化の合宿だったと思う。合宿の休憩時間、私は、いつも原稿依頼をいただいているお二人の明治図書編集長江部さんと樋口さんにご挨拶に行った。江部さんは、私の顔を見るなり、「青坂君、本を書かない？」といきなり言われ、私はあまりの出来事にびっくりした。そして次のように言われた。「教育新書で五千部。どうだい」。隣にいた樋口さんはびっくりして、「いきなり新書で五千は……」と江部さんに「それはないだろう」という感じで進言した。江部さんは、「知的学級集団づくり、あれいいよ。青坂君の書いている文章は読んでいるから大丈夫だ」というようなことをおっしゃった。私は天にも昇るようなうれしい気持ちと共にこれは大変な事になったぞという怖れを感じていた。「知的学級集団づくり」それは向山先生の「自由で平等な場からの出発」を私なりに発展させ、世の中に問題提起していきたいという私の志の表現だった。

その後、それはどれほど大変なことなのかを知った。江部さんが全生研の初代事務局長であり、戦後日本教育を裏側からリードしてきた編集者なのだということを知ったのである。その方が、全生研を批判するような本を出す、しかも北海道の片隅に住む三十そこその若造に書かせるということは、どれほど大変なことであったろうか。私は、東京から北海道に戻ると、大急ぎで書き出した。そして、一週間ほどで書き上げ、江部さんに送付した。それが『知的学級集団づくりの筋道』である。

その後、知的学級集団づくり研究会としていくつかの活動をするが、私の運動論・組織論の未熟さがあって、大きなうねりとならず立ち消えとなっていった。江部さんの期待を裏切ったという申し訳ない気持ちで一杯である。そのような私の未熟さにもかかわらず、江部さんはいつも私に優しい、包み込むような笑顔で接してくださった。私は、何度、江部さんの笑顔に救われただろうか。今だに、私は教師としても人間としても未熟である。四十を過ぎてからいくつもの辛いこともあった。しかし、子どもと接するとき、保護者と接するとき、地域の方々と接するとき、常に江部さんのような笑顔で接しようと思ってきた。江部さんの笑顔が間違いなく私の教師人生を支えているのである。

『教師修業十年』から始まった

熊本県　三城利恵

教育技術法則化運動の始まりを江部満氏の記述で知った。

以下、『教育技術法則化運動正史』より引用。

一九八四年（昭和五十九年）七月十二日、教育技術法則化運動が公的に初めて姿を表した。この日は、法則化運動の誕生日である。……『教育技術法則化運動正史』（東京教育技術研究所）より

私は、この時、教職に就いて五年目。知的障害の子ども達の養護学校に勤務していた。まだ、向山先生と出会っていない。

向山先生の本と出会うのは、それから十年後。三人目の出産を終え、育児休暇から現場に復帰した。病弱養護学校に勤務していた。復帰後、在宅訪問教育担当になった。運転免許も取り立て、子育てでは、三人の子どもを保育園に送り迎えしながら、初めての教科教育に取り組むことになった。一週間に二日、二時間の在宅訪問。ドーマン法をするために、在宅訪問を希望された小学部一年生だった。

教科書で、何をどう教えるのか、そのとき手に取った雑誌が、「教室ツーウェイ」。師尾先生の書かれる向山先生の実践記録がおもしろかった。「こんな先生がいる」と思った。

その後、訪問教育から、校内の重度重複障害の子どもの担当にもどった。が、向山先生の実践との出会いは、私にとって、仕事のやり方を学ぶ上で大きな刺激だった。

向山先生を世に出した本『斎藤喜博を追って』、これが、江部満編集長と向山先生の初の共同作業だと思っていた。しかし、違った。向山先生の本に江部満編集長の名前を探した。持っている本の「あとが

き」と「はじめに」を読んだ。『教師修業十年』で、次の事実を知った。

本書第一部の原稿は『斎藤喜博を追って』向山教室の授業実践記です。昌平社から一九七九年四月に出版されておりました。この本を世に出したのは、旧昌平社の久木社長なのですが、病気になって同社を退くことになりました。

それに伴って、この本も久木氏の手を離れることになり、明治図書の教師修業シリーズに加えられることになりました。

当代きっての教育書の編集者、江部満氏と樋口雅子氏は、常に言ってます。

「私は久木直海氏に恥ずかしい。何で向山洋一氏を先に見つけられなかったのか。無名の向山洋一氏を一足先にさがし出した久木直海氏に、編集者として敬意を表する」

（明治図書『教師修業十年』改定版はしがきより）

『斎藤喜博を追って』が出たことで、江部満編集長と向山先生の出会いがあった。

これ以後、江部満氏、樋口雅子氏編集により、明治図書から、向山先生の著書が、次々に出版される。『跳び箱は誰でも跳ばせられる』『すぐれた授業への疑い』『授業の腕をみがく』（一九八二年出版）『向山学級騒動記』（一九八三年出版）……それ以後も続々と。

そして、『教師修業十年』（明治図書、一九九八年十一月刊、二十四版）と出会った。

「出版」におけるプラスのサイクル

北海道　田上大輔

二〇〇六年五月二十五日のことである。

仕事を終えて家に戻ると、一通の往復ハガキが届いていた。江部編集長からだ。鞄をその場に置き、着替えもせずにすぐハガキを読み始める……。達筆過ぎて読めない！　妻を呼び、一緒に内容を確認していく。「札幌向山型国語研究会で本を出版してください」という内容だ。一気に心拍数が上がる。何とか心を落ち着かせ、研究会の顧問である千葉幹雄氏、代表の佐藤真史氏に電話をかけた。

札幌向山型国語研究会では、この前年から冊子を発行しており、私が編集を担当した。この冊子の二〇〇六年四・五月号で特集した「黄金の三日間　国語の授業開き」が江部編集長の目に留まり、出版のお話をいただいたのだ。

佐藤代表の夢の一つが「研究会で本を出版する」ということだった。研究会の発足以来、月一回の例会を細々と積み重ねてきてはいたが、まさかこんなに早くその機会が訪れるとは夢にも思わなかった。すぐに返事を送り、札幌向山型国語研究会初の出版企画がスタートした。

研究会員の誰もが未経験の「出版」という仕事に戸惑いながらも何とか原稿を書き上げていく。

校正を終え、あとは発刊されるのを待つだけという中で、研究会にとって最大のピンチが訪れた。代表の佐藤真史氏が病気で倒れたのである。生死の境をさまようほどの容体を乗り越えて無事生還したものの、TOSSの活動を続けるのは困難な状況になってしまった。

佐藤代表はMLに「代表を降りる」と発信されたが、三木美子氏をはじめとした研究会員の願いにより、「研究会初の著作が発売されるまでは…」ということで代表に留まってもらうこととなった。

そして、二〇〇七年三月中旬、ついに研究会初の著作『黄金の三日間　国語の授業開き』が発刊されることとなった。発刊前に届いた江部編集長のハガキによれば前注文が多かったようで、発刊後二週間で再版という好調なスタートとなり、明治図書のランキングでも上位に入るようになった。研究会でも百冊注文し、各地のＴＯＳＳデーなどで多くの方に手に取ってもらうことができた。研究会の仲間でその喜びを分かち合ったのだった。

喜んだのは研究会の仲間だけではない。私もそうだが、両親や祖父母へこの本をプレゼントすると我がことのように喜んでくれた。教師としてがんばっている姿を本という形で見せることができたのは何よりの孝行となった。

こうしたドラマは、私達だけではなく日本全国で起こっていただろう。そのチャンスを与え続けて下さったのが江部編集長である。

無名な教師を発掘する↓執筆・出版する↓更に力をつける↓それを見た教師が「自分達もいつかは！」と夢を描く…という江部編集長が築いてこられた「出版」におけるプラスのサイクルは、日本の教育界の歴史に刻まれた新たな一ページである。そして、本を出した教師だけではなく、本を読んだ教師やその教え子たち、本を出した教師の家族まで全てのものに幸せをもたらして下さったのだ。

さて、「研究会初の著作が発売されるまでは…」ということで代表に留まってもらった佐藤真史氏であるが、幸い少しずつ回復し、出版の喜びのどさくさにまぎれて代表を降りる話がうやむやになり、現在も代表を務めてもらっている。

このことが、私にとっては江部編集長がもたらして下さった最大の幸せである。

研究会を代表して、江部編集長の長年のお仕事に感謝するとともに改めてお礼を申し上げたい。

法則化運動黎明期を支えた江部氏

山口県　河田孝文

忘れられないエピソードがある。

「法則化運動を明治図書で支えていくと公開した時、各方面から批判が噴出しました。最も顕著だったのは、明治図書の常連ライターからの抗議でした」

新卒の年、法則化運動に参加した。それから明治図書の連合雑誌を片っ端から一気読みした。

法則化運動は、四年目を迎え、連合雑誌の呼びかけ広告は熱気がはじけていた。

特集・連載の境目に差し込まれたイベント情報・論文募集・サークル呼びかけにワクワクした。

「これから教育界は激変するんだ！」「学校現場はすごいことになる！」「すごい授業ができるようになる！」「全ての子が笑顔になる」「教育の世界に進んでよかった！」

当時の私の教師力は白紙である。新卒で右も左もわからない。まともな授業は、全くできない。

そんな状態でも、学校現場は停滞し、沈滞していることがわかった。

先輩教師に「授業がうまくいきません。どうすればいいですか？」と問うても答えはきまっていた。

「そんなもんよ」「そのうちできるようになるよ」「うちの学校の子ども達じゃしかたないよ」

憧れて、勉強し、ようやくなれた教師という職業に諦めと絶望を感じていた。

そんな私を法則化運動が救ってくれたのだ。月二回の例会に参加し、論文を検討してもらい、模擬授業を斬ってもらう。十年間褒められたことなど一度もない。論文など、出だしの三行でダメ出しの連続。模擬授業は、参加者の顔をまともに見られるまで三年かかった。授業内容以前の状態がずっと続いた。「このまま授業が下手なまま教師人生は終わるんだろうなあ」と思っていた。

それでも、サークルに参加することが楽しかった。法則化セミナーに参加することでワクワクした。

現場にない、ポジティブでアグレッシブな空気がとても楽しかった。

法則化運動を立ち上げてくれた向山洋一氏に毎日毎時間感謝した。

「法則化運動がなかったら、退屈でつまらない教師人生だった」

「法則化運動と同じ時代に教師人生を送ることができて本当に良かった」

十年目、TOSS道徳の事務局を務めた。道徳授業のど素人。代表授業なんて一本もない。

手探りで機関誌を発刊しイベントを企画した。資料を手当たり次第に授業化していった。

軌道に乗るまで数年かかったが、事務局の仕事を引き受けて、心からよかったと思う。

江部満編集長との出会いは、TOSS道徳をはじめてからだ。もちろん、私自身は新卒の時から江部氏を遠くから眺めていた。「法則化運動を支えた人」として。

江部氏には、とても可愛がっていただいた。多くのTOSS教師がそうだろう。

個人的にお酒をご一緒するときもある。私は法則化運動黎明期のお話を聞くのが大好きだ。

冒頭のエピソードは、最も心を鷲掴みされた話だ。これには、続きがある。国語教育誌の常連ライターから「法則化運動を支援するのなら、私達のグループは明図の雑誌に今後一切原稿を書かない」という明治図書への脅しである。江部氏は、即座に返答した。「そうですか。わかりました。これまでお世話になりました」。以来、江部氏は、原稿依頼を一切していない。法則化運動黎明期、江部氏は、直感で法則化運動の未来を見通していたのだ。

現在のTOSSの快進撃は、黎明期の江部氏の支えがあったからだとお話を聞くたびに実感する。

江部編集長と向山洋一氏と同時代に生きる

静岡県　**高山佳己**

新卒六年目、二十八歳の時、私は悶々としていた。

今思えばかなり不遜であったのだが、教師生活に先が見えてきたような気がしたのだ。

この年の夏、私は、向山洋一氏の一連の著作に出会い、教育技術の法則化運動に参加した。

向山氏の本をむさぼるように読んだ。一週間首の痛みがひかなかった。それほど夢中で読んだ。

そんな私が、一九八七年九月「学校運営研究」誌に生まれて初めての原稿執筆。

母は、全く信じてくれなかった。「嘘をつくんじゃない」と叱られた。届いたばかりの雑誌を見せてもだ。

二十代の教師が全国誌に執筆するという教育文化はそれまでなかったのだ。

地方の名もなき一教師に教室実践を論文にして発信する機会を与えてくれた江部満編集長。

感謝してもしきれない。

そして何よりも「向山洋一」という教育史に燦然と輝く人物を発掘した。

私たちに出会わせてくれた。自分の人生を変えるほどの出会いだ。考え方も生き方もだ。

江部編集長のこれほどすごい仕事はない。

以来二〇一一年九月までの二十三年間、私は、雑誌執筆の機会を与えられ、毎年途切れることなく書き続けた。

現在までの明治図書への雑誌原稿本数百八十九本。

向山氏の教えのもとに、足元の実践を見つめ、子どもの事実と教師の腹の底からの実感だけを大切にして書いた。多くの雑誌原稿は、学級通信やMLやSNSの発信、授業記録、学校での提案文書などから生まれた。

私は「記録にとる」ことを身体に刻み込んだ。

単著は『向山洋一選　学級通信「チャレンジひろば」6年』『ここに注目　生活科メニュー』『学校の仕事365日の流れチェックポイント』の三冊を上梓。

三十二歳での初単著。両親はたいそう喜んでくれた。目を細めて、本の表紙を撫でていた。親孝行が少しできたかなと思った。

サークルのメンバーもバーベキューパーティーを開いてお祝いをしてくれた。

日本の教育史にほんの少し足跡を残すことができたかなと思った。

江部編集長と向山洋一氏と同時代に生きる。

教師を続けていて本当によかったと思う。

『向山型国語で低学年国語の基礎学力をつける』を出版する

愛知県　平松孝治郎

江部編集長から、はじめてサークル共著のお話をいただいたのが、『向山型国語で低学年の基礎学力をつける』であった。自分が編者になって本を出版できるなんて夢にも思ってなかった。それまでは、雑誌原稿を少しと、共著に少し書かせてもらっていただけであった。自分のサークルで本が出せるとは、何という幸せなのだろうと思った。『向山型国語で低学年国語の基礎学力をつける』の「あとがき」には、次のように書いた。

> 新しくサークルを結成してから二年半がすぎた。TOSS愛知教育サークルとして、はじめてのサークル共著である。毎月一回、名古屋の中村生涯学習センターで例会を行っている。岐阜からの参加者や知多半島からの参加者もいる。模擬授業や論文検討などを中心に例会を行っている。
> 地道なサークル活動を続けている時に、明治図書の江部編集長からサークルに、「基礎学力向上の具体策シリーズ」の出版のお話をいただいた。
> テーマは自由に選べるという。「向山型国語」で書きたいと思った。「向山型国語教え方教室」で発表したものなど、今まで書きためてきたものも多少ある。低学年の実践にしぼって書くことにした。

共著のよびかけにすぐに諾の返事を出し、プロットの作成にとりかかった。プロットとは、本の構想や目次のことを指していると、この時初めて知った。

プロットを考えるのは楽しかった。次から次へと、構想が思い浮かんだ。

どきどきしながら、完成したプロットを江部編集長に送るためにポストに投函したことを思い出す。すぐに、返事が来た。「これで、けっこうです。楽しみにしています」と書かれていた（と思う）。

その後は、サークルでプロジェクトチームを組み、何度も集まり原稿検討を重ねていった。自分たちの書いたものが本になるのがうれしくて、楽しかったことをよく覚えている。

原稿が完成し、宅配便で送るときの充実感は何とも言えなかった。

江部編集長から、概略次のような返事が届いた。「力作ですね。シリーズの第一巻として出版します」シリーズの第一巻に選ばれたことがうれしかった。

続いて、江部編集長に出会った時に、『中学年編』を書きたいことを申し出た。こんなことを言ってもいいのだろうかと思いつつ。二つ返事でOKが出た。

中学年編が出た後、ずうずうしく『高学年編』を書きたいことを申し出た。これもOKが出た。しかも、二つ返事で。

これで、低・中・高学年編のシリーズとなった。

これも江部編集長からお話があったおかげであり、その後の出版も快く認めていただいたおかげである。感謝してもしきれない。

二〇〇二年、二〇〇三年、二〇〇四年と一年毎に出版させていただいた。『低学年編』は四刷、中学年編は再版となった。

その後、『「参加型板書」で集団思考を深める（国語編）』を単著で出させていただく。二〇〇四年のことであった。いつかは、自分の本を出してみたいという夢が実現したときであった。

江部編集長、TOSS代表の向山洋一氏に心より感謝したい。

「夢を企画するプロ」

埼玉県　木村重夫

1

「よう！　同志！」。後ろから背中をポンと叩かれる。

振り向くと、にこやかな江部編集長が立っておられる。

教育技術学会の懇親会。杖をついてはいるが、背筋を伸ばしていつもお元気だ。

江部編集長から見れば青二才の私にも、親しみを込めて声をかけてくださる。ありがたいことだ。

別れ際にいつも握手をしてくださる。ギュッと力強い握手だ。（俺は元気だ、お前もがんばれよ）江部編集長のスピーチは、必ず「特攻隊の生き残り」の話になる。何度うかがっても、グイグイ引きつけられる。青春の真っ只中を戦争と対峙して来られた。仲間が死に、ご自分は死の淵から生還された。生と死の狭間をかいくぐって来られた。みなぎるパワーで戦後の出版界を走り抜いて来られた。

2

江部編集長は、樋口雅子編集長と共に、法則化運動を全力で応援してくださった。

若い教師に「本を出版する」という夢を持たせ、現実のものにしてくれた。

私もまた本を出版できた。三十代前半、体育であった。

「俺たちも本が出せる！」。サークル仲間と喜び、夢中で実践して原稿を書いた。

江部編集長のおかげで、日々の実践の原動力が増し、パワーアップしたのだった。

『子どもの動きが変わる指示の言葉5年』、『評価に役立つ体育学習ノート集〈小学4年〉』の出版。

その後、向山型算数と関わるようになった。

「体育の木村と思っていたが、算数も書けるのか」と言われた。

『成功する向山型算数』『続・成功する向山型算数』『向山型算数で「授業力」をアップさせる』3部作を書く機会をいただいた。

3

江部編集長には何度もご迷惑をおかけした。「教室ツーウェイ」の私の原稿提出が遅れる。

そんな日が続くと必ず郵便受けに一枚のハガキが入っている。

「ツーウェイ○月号原稿、まだ届いておりません。困っております。至急お書きください」

直筆の催促ハガキに何度冷や汗を流したことか。申し訳ありません！

逆に、励ましのハガキもたくさんいただいた。

向山型算数セミナーのレポート集を毎回送った。毎回お礼のハガキをいただいて恐縮した。

そして必ず企画のチャンスをくださった。ある日のハガキにはこうあった。また冷や汗が流れた。

> 「向山型算数論文審査への挑戦」全六巻、優秀論文等1年〜6年　各A5　120P
> それに加えて二〇〜三〇ページの木村先生の解説を入れるということで、至急おまとめください

法則化運動に参加して江部編集長と出会えた。すぐに役立つ多くの本を読むことができた。そして自分の本まで世に出せた。江部編集長は「夢を企画するプロ」である。江部編集長の「同志」として走り抜けて来られた自分は幸運だ。同志・江部編集長、いつまでもお元気でご活躍ください。

雑誌の「全国の教室でのエピソード」が、法則化運動と私とを出会わせてくれた

静岡県　手塚美和

「手塚さんは、勉強が足りなすぎるんだよ」

そう言って、学年主任の先生が、法則化の雑誌をドサッと貸してくれた。

その頃の私は学級経営がうまくいかず、かなり落ち込んでいた。

「私は、教師に向いていないんだ。もう、やめよう」

と思っていた。

学年主任がくれた法則化の雑誌に書いてある様々なエピソードを読みながら、放課後の教室で涙があふれてきた。

自分は、まだ、何もやっていないことを知った。

努力をせずに「もう、やめよう」とあきらめていたことを恥ずかしく思った。

書かれていた実践を追試してみた。授業がぐんぐん変わっていった。

一人で、あちこちのセミナーに参加するようになった。同僚と校内サークルもはじめた。地域のサークルに入った。レポートをもって例会に行くことがすごく楽しかった。学ぶことが楽しくて楽しくてしかたなかった。

これが私と法則化運動との出会いである。

教育の「運動」を明確に意識するようになったのは、それから、ずっと後の「ＴＯＳＳデー」が始まってからのことだった。

それ以前にも、校内では、積極的に友人に広めていた。「いいもの」は、人に伝えたくなる。自分が実

感したうれしさを人にも知ってほしいと思うからだ。

しかし、それだけでは広がりは限定的だ。意図的に「運動」を組み立てなければ、「いいもの」も広がらない。もちろん、「いいもの」でも受け入れることができないおかしさも、日本中の教育界に、私のいる場所の教育界にも、たくさんあった。しかし、少しずつ変化している。

日本の教育界に大きな問題提起をした「跳び箱は誰でもとべるようになる」。

日本中でのバッシングに負けずに取り組んだ「エイズ教育」。

NASAとの連携「地球環境問題」。

一つ一つの運動を知り、大きな迎え傷を受けながら、向山先生や諸先生方が道を切り開いてきてくださったから、私は、法則化と出会えたんだと思った。

セミナーの懇親会で、江部満編集長のお話を聞く機会が何度かあった。いつも、いつも、日本の教育についての熱い想いが伝わってくるお話だった。

「瞬間風速なら誰でも出せる」という話を聞いたことがある。そのたびに、長く運動を続けるたくましさをもちたいと思っている。

江部満編集長は、教育界への情熱を何十年も持ち続け、法則化運動を、TOSSを支えてくださってきたのだ。大きな迎え傷だっていっぱい受けていらっしゃることだろう。そのような運動を、八十歳を過ぎるまで続けていらっしゃるのだ。

今、教師になってよかったと思う。そんな風に思える「いいもの」に出会えたのは、「ドサッと貸してもらった雑誌」のおかげだ。全国の教室でのエピソードに心を打たれたからだ。今、私もそのような人を動かすことのできるエピソードを発信できればと願っている。

初めての出版　出版の厳しさと楽しさ

千葉県　戸村隆之

雑誌に原稿を書く、本を出版する。退職までに一度はやってみたいと思っていた。

ＴＯＳＳで学び、雑誌の原稿依頼をいただくようになった。二十代教師が、雑誌原稿を執筆できるようになったのは、江部満氏、樋口雅子氏、向山洋一氏のおかげである。

千葉県のＴＯＳＳサークルメンバーで組織する、千葉向山型算数研究会を主宰している。日常の算数授業の検討、向山洋一氏の算数授業に関する論文の分析、向山型算数セミナーでの模擬授業や研究発表などを行ってきた。

板倉弘幸氏から、サークル共著出版の依頼をいただいた。

雑誌原稿とは違う、プレッシャーがある。研究会メンバーに方針を出した。

> 絶対に、原稿締め切りに間に合わせる

ことである。

九月下旬が締め切りだったので、勝負は夏休み。夏休み前に、研究会メンバーの河野健一氏とともに、プロット検討を行った。ＭＬでのやり取りを何度も繰り返して、板倉氏に提出。ＧＯサインをいただくと、執筆希望者を募る。

この時にも条件を示した。

1　締め切り厳守
2　原稿検討会に参加する

夏休み中に、丸一日缶詰で原稿検討会を設定した。ML上での原稿検討では、どうしても細かいニュアンスが伝わらない。顔を突き合わせてお互いの原稿検討をしないと方針が伝わらない。修正点は、その検討会でその場で修正していく。

原稿執筆メンバーは、研究会での今までの実績やTOSS歴ではなく、このような条件でも挑戦するやる気を重視した。内容は荒削りだが、それぞれの原稿から熱を感じた。原稿検討で、厳しいコメントを受けてもさらに修正していくなかで力をつけていく。

「力があるのだから原稿を書くのではなく、力をつけるために原稿を書く」。この言葉を噛み締めながら原稿執筆に当たった。

無事、原稿をそろえて提出。出版をきっかけに、研究会が一致団結し、それぞれにとって貴重な学びがあった。

原稿を書いて終わりではない。向山洋一氏に指導いただいたことだ。

自らで販路を拡大していく

人と出会い、本を広めていく。これも大事な教師修業である。

一冊の出版でメンバーが大きく成長した。一冊の本が様々な人とのつながりを生み出してくれた。

「退職までに本を出したい」という夢

岡山県　津下哲也

退職までに、一冊の本を出したいという夢。

そのチャンスを与えてくれたのが、江部編集長だった。

＊　＊　＊

初めてＴＯＳＳと出会ったのは、新卒一年目の春だった。

担任を持つことになった私は、岡山県で一番大きな書店に出かけた。

担任する「四年生」に関する本を両手一杯に買い込んだ。

手に入れた本の中で「これは面白い！」「役に立つ！」と思った本には、共通する人物が登場した。

それが、「向山洋一氏」だった。

かくしてＴＯＳＳと出会った私は、ＴＯＳＳ岡山サークルＭＡＫの門をたたく。

様々な本を読むうちに、「自分も本を出してみたい」という夢を持つようになった。

サークルに入って三年目には、ＴＯＳＳデーの事務局長を経験した。

ＴＯＳＳデーが終わったころ、サークルＭＬに次のような案内が流れた。

「本のプロットを立てませんか？」

ＴＯＳＳデーの講座を元にプロットを立て、原稿を執筆して、サークルから出版しないかというものだった。

ためらうことなく、すぐさま立候補した。

ＴＯＳＳデーの講座を元に、プロットを立て、サークルの先生方に執筆を依頼した。

初めてのプロット。初めての執筆。初めての編集。

一冊の本が形になるまでの道のりは、平坦ではなかった。
サークルの先輩方にたくさん迷惑をかけた。たくさん助けてもらった。
そして、ついに、念願の一冊が出版されることになった。
『役に立つ教育技術　いくつもっていますか？
子どもたちが自ら進んで動く、システムづくりの技29』（明治図書）
初めて書店で自分の本を見つけた時の感動は、今でも覚えている。

＊　＊　＊

あれから五年が経った。

これまでに、たくさんの本の執筆に関わることができた。

「黄金の3日間シリーズ」の際には、低・中・高・中学校の、編集担当を経験した。

「学級経営の極意と裏技シリーズ」では、初めて単著という形で、執筆させてもらった。

岡山の一教師に過ぎない自分の本が、書店に並んでいる。

普通の教師生活を送っていては、決して届かない夢。

そのチャンスを作ってくれたのが、甲本先生であり、向山先生であり、そして、何よりも、明治図書をずっと支えてこられた江部編集長だった。

心よりお礼を申し上げたい。

教師としてさらに力をつけ、子どもを伸ばすことが、恩返しだと思っている。

教育技術法則化運動との出会いがなければ、私の教師生活は存在しなかった

兵庫県　井上　茂

二十六年前（当時三十三歳）、教師五年目で、教師としてこれからやっていけるのか不安を感じて、自分の教師としての力量に疑問を感じ始めていた。

そんな時出会ったのが、向山先生提唱の教育技術法則化運動であった。

教育技術を共有財産化しようと、向山先生が「現代教育科学」で呼びかけられた。

その呼びかけに応えて、法則化運動に参加した。

向山先生は、プロの教師として実践していくための道筋を示してくれたのである。

それも法則化論文を書くことによって分かち伝えるという具体的な方法で示してくれた。

向山先生の文章は、今までの教育書にはない分かりやすい文体だった。

「現代教育科学」に連載された「大学における私の講義」は毎月読むのが楽しみだった。

その中で私にとって一番インパクトがあったのは、一九八五年九月号に掲載された「若き教師のロマン、法則化運動」という論文の以下の文章である。〈教育技術法則化運動は、はじめて教師の社会に「腕を上げる法則」を提起したのである。〉

当時、向山先生は教育技術法則化運動を広めるために、講演会で全国を回られていた。

私は教育技術法則化運動の御輿を少しでも担ぎたいと思い、向山洋一神戸講演会の実行委員長を申し出て、一九八九年四月に講演会（五百名規模）を行うことができた。

当時、私のサークル（兵庫若鮎の会）に参加してきたのが、今や向山先生の片腕でもある谷和樹先生だった。

まだ新卒数年の教師だった。

谷先生は、講演会後の懇親会の司会をして、向山洋一クイズを作って、大いに盛り上げてくれた。

向山先生を追いかけ始めていた頃である。

懇親会の席で、向山先生のものなら下着でも欲しいと言ったのを覚えている。

その後、私はサークル代表として、法則化体育合宿を行ったり、根本先生を地元に招いて『立ち会い授業で腕を上げる』の企画をたて実行した。

子どもにとって少しでも価値のある教師になりたいという強い思いがあった。

サークル例会を月二回開いて、教育実践力を鍛えていた。

サークル活動に浮き沈みはあったが、法則化運動の御輿をずっと担いできたという自負はある。

向山先生の考えに賛同して、法則化運動とそれに続くＴＯＳＳの活動に参加してきて、本当によかった。

教師として重要なことのすべてを、法則化運動とそれに続くＴＯＳＳの活動から学んできたと言っても過言ではない。

完全退職の六十歳まで小学校教師を続けることが出来たのは、向山先生のおかげである。

そして、退職間際になり、認知症予防脳トレ士育成という新たな重要課題を私に提供してくださり協力を依頼された。

認知症予防脳トレ士育成という井戸を、自分で掘る覚悟である。

ＴＯＳＳへの活動は、退職後の私にとって、さらに重要になるのである。

法則化運動は革命だった

大分県　松垣和年

新卒の時に法則化運動が始まった。私は職場の先生が紹介してくれた雑誌のおかげで法則化運動に出会う。法則化運動に出会ったこと、向山洋一氏と同じ時代に教師であったこと、本当に幸運だったと思う。一九八六年十二月、第一回福岡地方合宿に参加した。私にとって初めての法則化イベントへの参加だった。その合宿のパーティーに江部満氏も参加されていた。江部満氏はパーティーで次のようにあいさつされた。

> 向山洋一という不世出の人物を得て、私の夢が実現しようとしています。
> 法則化運動こそ私の夢だったのです。

当時、まだ私は、「大学教授の幻影」にとらわれており、「教育雑誌は学者がつくるものだ」と思っていた。だから「編集者」のこのあいさつに違和感を持った。「雑誌は大学の教授がつくり、それを販売しているのが明治図書。本がたくさん売れるようになったから法則化運動のことを『夢』だったと言っているのだろう」と思った。今から考えれば、何と無知で無礼な人間だったのかと思う。

私が自分の無知を思い知るのは、古い本を組合の書記局で探していた時だった。その時に偶然一九七六年の「現代教育科学」を見つけたのだ。一九七六年といえば、向山洋一氏が『斎藤喜博を追って』を出版する三年も前のことである。法則化運動が始まる八年前の「現代教育科学」だ。

特集名は「すぐれた授業の法則的事実」。その編集後記に江部満氏は次のように書かれていた。

子どもの考えや活動に変化を引き起こす、教師の働きかけについての法則的事実をとりだすことは、すぐれた授業づくりのためにも、必要である。

「法則的事実をとりだす」。まさにこれは法則化運動のことではないか。編集後記には「共通の財産」という言葉も書かれていた。私はすぐに「法則化運動は私の夢だった」という江部満氏のあいさつを思いだした。「私の夢だった」というのは本当だったんだ。日本の教育を前進させようと活動してきた江部満氏の志が法則化運動として結晶したのだと私は思った。それ以来、江部満氏があいさつで「同志たちよ」と呼びかける言葉がとても好きになった。

法則化運動は二十一世紀に解散した。法則化運動とは何だったのか。私は、法則化運動は革命だったのだと思う。役に立たない大学教授の空論に振り回されていた教育現場を解放してくれた革命だった。革命の大きな舞台になったのが江部満氏が編集した明治図書の連合雑誌だった。多くの青年教師がこの運動に参加し論文を発表する機会を得た。私もその一人である。法則化運動というこの革命は、机上の教育論に振り回されていた教師を解放してくれた。教師の仕事のおもしろさを教えてくれた。そして教師の仕事に対するプライドを取り戻させてくれた。結果として、教室の隅で小さくなっていた勉強の苦手な、運動の苦手な子どもたちを次々と解放することに成功した。

法則化運動は解散したが、「子どもにとってより価値のある教師をめざし、自分たちの世代の教育文化をつくる」という志は今も持ち合わせている。ＴＯＳＳランドの構築に積極的に関わり、自分たちの世代の責任を果たしたいと考えている。

江部さんのもとで「集団づくり」に没頭した日々

北海道　**水野正司**

「北海道から問題提起が出ることを期待しています」

江部さんから届いたハガキは右のように結ばれていた。

私たちにとって「出版」は憧れであった。

その憧れの上に「教育界への問題提起」というロマンを指し示してくださったのが江部さんである。

本を出すだけでは意味がない。何を提起するか。

私はいつもそのことを念頭に置いて自分の実践を客観視してきた。

北海道の片隅にいるちょっとアマノジャクな青二才の私が「教育界への問題提起」などできるのか。

そんな大それたことはできるはずもないのだが、江部さんからほめられ、励まされると、自分にも何かが出来そうな気分になってしまうのであった。

冒頭のハガキは次のように始まっている。

北海道はまだ冬深しでしょうか。

通信読み直しています。私は「学級経営」とは何かを追究してきました。集団づくり論が敬遠されている今、私は宮坂哲文の「生活指導」に注目しています。向山学級の「人間の生き方の指導」の原型があると見ているからです。それと「小さな市民としての教育」です。知学研からはそこが見えません。水野さんの通信には明かりがついています。北海道から問題提起が出ることを期待しています。

（平成九年二月二七日）

励まされた私は宮坂哲文を読み返し、向山学級を分析し直し、新しい集団づくりを模索した。その結果何が提起できたのか、定かではない。もしかすると力不足で何も生まれなかったのかもしれない。しかし、「集団づくり」にこだわってきたからこそ『集団統率・叱り方の原則』という著書を出すことができた。前述の通り、江部さんに進むべき方向を示され、励まされながらの道だった。「集団づくり」と言えば、亡くなった大西忠治の集団づくり論に触れないわけにはいかない。私は平成三年頃、病床の大西氏と交信をしていた。そのいくつかを紹介させていただく。

今頃、釧路では向山さんたちの討論会が始まっているだろうと、少し淋しい気持ちでベッドに寝ています。私はほんとうにやる気のある教師、子どもと民主主義のためにやる気のある教師を見つけてから死にたいと今、思っているところです。

このような手紙を〝集団づくりの巨人〟からいただいておきながら、私は向山洋一氏、TOSSに自分の人生を託す決意をした。社会主義国家が崩壊し、時代の流れが読みにくくなった大海原で、私には向山先生が必要であり、この世界を変えるのはTOSSしかないと思えたからである。

その後も江部さんからは原稿依頼を通して「問題提起を期待してます」というメッセージをいただいている。しかし、未だにこれといった問題提起は果たせていない。セミナーなどでお会いすると気さくに「ヨッ！」と片手を上げて声をかけていただいているが、こんな私にもまだ「明かり」はついているのだろうか。江部さんが現役のうちにその夢を果たしたかった。力及ばず申し訳ございません。しかし、これから先も私は、江部さんから教えていただいたロマンを追い掛けます。向山先生のもとでもっとダイナミックな教育実践を手にしてみせます。どこかでお会いしたときには「ヨッ！」と声をかけてください。そのときを楽しみにしながら学校現場でまた汗をかきます。

無謀な夢を実現して下さった恩人

群馬県　赤石賢司

希望に満ち溢れた教師生活のスタートは、波乱の幕開けだった。大学時代に教師として必要なことは何一つ勉強してこなかったが、「何とかなるさ」と、たかをくくっていた。

赴任した中学校での子ども達との出会いの日、教室で学級開きのあいさつをしていると、紙飛行機が飛んできた。とっさに「拾いなさい」と言った。投げた生徒は、最初、拾いに来なかった。厳しく繰り返した。すると、「厳しいな」と言いながら、やっと黒板の前に落ちた紙飛行機を拾いに来た。

大学まで所属していた野球部で培った運動部魂だけが私の支えだった。授業は全くでたらめの我流の我流。生徒たちが私の長い説明と分かりにくい板書をノートに写しながら、だんだん心が離れていくのを痛いほどに感じていた。しかし、どうしていいか全くわからなかった。

授業や生徒指導は満足にできなかったが、部活動指導は熱心だった。自分が得意とする野球部の顧問だったからだ。毎日、夜遅くまで、ノックやバッティング練習に汗を流した。赴任早々監督したチームは、夏の県大会で準優勝した。決勝戦でサヨナラ負けをした場面は今も脳裏に焼き付いている。

一学期は何とか乗り切れたが、二学期は悪夢の連続だった。教科書を机の中にしまったまま、足を机の上にあげてふんぞり返っている生徒、小さく切った紙きれのやり取りをして、授業中にまわしている生徒、教科書にスプレーをかけて使えなくしてしまっている生徒、ついには、私の授業や生徒指導の至らなさを班ノート数ページにわたって批判する生徒が出て、教師をやっていく気持ちがなくなろうとしていた。こんなに落ち込んだ経験は初めてだった。

職場の先輩諸氏からいろいろとアドバイスを受けてはいたがどれも全くと言っていいほど役に立たなかった。「もっと厳しくすればいい」「生徒と歳が近いから仕方ない」「自分も一年目は大変だったわ。そのうち何とかなるわよ」。このように言われても何も変わらなかった。ある年配の先生だけが本を勧めてくれた。生活指導の本だったが、最初の数ページをめくっただけでやめてしまった。難しい、かたくるしい文が並び、日々の生徒たちとの付き合いに疲れた自分は読む気になれなかった。

そんな時に、ふと立ち寄った書店で手にした一冊、向山洋一氏が書いた『授業の腕をあげる法則』が私の人生を大きく変えた。大学在学中、教師として必要なことを勉強してこなかった自分に、ましてや教師になって半年、教育に関する本など読んだことのなかった自分には衝撃の一冊だった。

書いてある内容が分かりやすかった。具体的だった。勉強不足の自分のどこがいけないのかがはっきりと書いてあった。そして、どのようにすればいいのかが、示されていた。

それからというもの、「向山洋一」と書かれた本を書店で見つけては購入し、読みまくる日が続いた。どの本も読みやすかった。どの本に書かれている内容も具体的だった。小学校での実践記録でありながら、授業や生徒指導に悩み苦しむ中学教師の自分に生かせる内容ばかりだった。

やがて、向山氏の法則化運動に参加した。本に書いてある内容以上のことを学びたかった。法則化運動で学びながら、ある無謀な夢を抱くようになった。もしできたら、自分が向山氏の本と出会って教師としての道を歩み続けられたように、悩む後進たちに少しでも役立つ実践記録を、「本」という形で残したい、という夢だった。

そんな私の無謀な夢をかなえて下さったのが江部編集長である。ただただ感謝である。

本を出版させていただいたが、後進たちの役に立つ内容にならず、ご迷惑ばかりかけてしまったことと思う。今後も教師修業を続け、いつか必ず、恩返しをしたい。

法則化・ＴＯＳＳとの出会い

明治図書の雑誌で人生が変わった

埼玉県　小森栄治

1　「理科教育」誌との出会い

私は、工学部工業化学科出身であったので、明治図書の月刊誌に出会ったのは、新任で着任した中学校の理科準備室にあった「理科教育」誌が初めてであった。この「理科教育」誌との出会いが私の人生を変えたと言っても過言ではない。

巻末に研究実践記録募集とあったので、新任の年の電流単元での実践をまとめたものを郵送した。それがきっかけで、はじめて執筆の機会を頂いた。

ソニー賞との出会いもこの「理科教育」誌のおかげだ。掲載されていた受賞校一覧の中から、栃木県の二つの中学校へ見学に行ったのが、応募への第一歩だった。そのときは、それが二回の最優秀受賞までつながるとは夢にも思っていなかった。

さらに、法則化運動との出会いもこの「理科教育」誌に掲載されていた向山氏の呼びかけであった。法則化のセミナーに参加して論文審査を受け、『法則化シリーズ』に掲載していただいた。「授業研究」や「中学校学級経営」「現代教育科学」誌などにも、執筆のチャンスを頂いた。

原稿依頼は断らないという方針で、「諾」に○をつけて返送してから、本を買って勉強したり、授業実践をしたりして原稿を必死で書いた。今、執筆リストを見ると、雑誌原稿を五百本以上書いていた。原稿を書くことによって、力がついたのだ。原稿執筆のチャンスを与えてくださった江部氏と樋口氏、向山氏によって私は育てられた。

2　著作集の出版

江部氏から「今までの原稿を整理して著作集に」とありがたいお声がけを頂いたのは、二〇〇五年の五月だった。

しかし、私の悪い癖でなかなか原稿をまとめられなかった。江部氏からは、何度も何度も「いつごろですか」「期待しています」とハガキを頂いていた。（今もそのはがきをファイルに保管してある）

ようやく整理に着手したのが二〇〇六年の冬。サークル員有志で合宿を行い全十五巻のプロットを作り、原稿を分類した。サークル員が章立てし順序よく配列したものを私が再度チェックし、重複する箇所を削除したり、加筆修正したりし、ようやく第一巻が発行された。二〇〇八年十二月であった。

その後、第二巻を二〇一〇年一月に発行。第三巻以降が幻にならないよう、自分に鞭を打ちたい。

3　「理科は感動だ！」誌の発刊

明治図書の「理科教育」は、「楽しい理科授業」とタイトルを変えて発行されていたが、二〇一〇年三月号で廃刊となってしまった。

江部氏は、その後、お会いするたびに「いつか理科の雑誌を復活させたい」と話していた。そして、二〇一〇年夏、新牧氏と小森で明治図書に江部氏を訪ねた。

明治図書の江部氏の部屋には、江部氏が編集に関わった書籍や雑誌が部屋中に所狭しとあった。「すごい！」の一言であった。（今、あの部屋はどうなってしまったのだろう……）

池袋のお店に移動して、ワインを頂きながら、新しい理科教育誌について熱く語り合った。「理科が得意な人を対象にするのではなく、理科が苦手な人が読んで役立つ本にしよう」と意気投合。

二〇一一年四月に「理科は感動だ！」第一巻を発刊することができた。「日本は科学技術立国なのだから、もっと理科好きの子どもたちを育てなくては」という江部氏の心意気をさらに具現化していきたい。

向山先生の本との出会い

出会いが今の自分を作った

山口県　平中健也

向山先生の本との出会いはある人物との出会いによってもたらされた。

その人の名は槇田健氏である。

今から十一年前、私は山奥の小規模校に転勤した。

その時一緒に赴任することになったのが槇田健氏であった。

当時槇田氏は新任校長、私は平の職員という立場であった。

教員となって四年間教育書というものに触れてさえいなかった私に氏は次のように問うた。

「どんな本読んでるんだ」

わたしは答えた。「マンガや趣味の本です」

氏は言った。「そうじゃない。教育書は何を読んでいるかを聞いているんだ」

私は、「読んでいません」と答えるしかなかった。

それから、「有名な実践家を三人言ってみて」「自分と一緒に日本一の学校を作ろう」「あなたの授業の腕前を上げる方法がある」といった話を立て続けに聞いた。

そして最後に次のように言われた。

「今度学校に来る時までに次の本を読んでおくように」

こうして紹介されたのが向山洋一氏の『授業の腕をあげる法則』と『子どもを動かす法則』である。

狐につままれたようになった私は、とりあえずその足で本屋に直行し二冊の本を手に入れた。

面白かった、二冊とも一気読みだった。

ほどなくしてサークルにも参加した。

高速で行われる論文検討、連続する模擬授業に驚いた。

「自分も授業が上手くなりたい」という一心でサークルに通い続けた。

その年には向山先生の前で授業をする経験もさせていただいた。

さらに雑誌の原稿を書かせていただく機会もいただいた。

先輩サークル員に何度も手直ししてもらいながらなんとか書き上げ、送った。

初めて自分の原稿が雑誌に掲載されたときは夢でも見ているようだった。

江部編集長の企画でサークルで本を出版する企画に加わった。

『活用力を育てる授業改革』というテーマで、どのような内容にするかを何度も話し合い原稿を完成させていった。

「発信しなければ情報は入ってこない」という、槇田氏の言葉を信じてその後も機会を頂く度に原稿を書かせていただいている。

締め切りが近づき苦しい思いもするが、回数を重ねるうちに力がついてきていることを実感する。

これらの経験すべてが自分の教師力を支えてくれている。

これもすべて、十一年前の出会いのおかげである。

あの時、もし槇田氏と出会わなければ、そして向山氏の本と出会わなければ、今の自分はない。

授業に目を向けさせてくれた出会いに感謝である。

やりたいことに向かって挑戦し続ける

～40歳からのＴＯＳＳ始動、そして出版を経て～

東京都　関根朋子

「小学校異動が実現してしまったー」

後悔の念が渦巻く中での小学校赴任だった。当時四十歳、それまでずっと中学校で教えていた。恥ずかしい話だが、本はほとんど読んだことがなかった。長い教職生活でありながら研究授業はわずか二回行っただけだった。

教科指導、生徒指導、学校生活そのものが中学校とは違っていた。例えば、私が大きな声で説明すると耳を押さえる子どもがいた。私の高圧的な指導におびえる子どもがいた。中学校で学んだことは、子どもたちに通用しなかった。

そのような状況で手をさしのべてくれたのが、同僚でもある小宮孝之氏だった。小宮氏はその学校に、私と同じ年に転任してきたのだ。

小宮氏がまず紹介してくれたのが『授業の腕をあげる法則』だった。

全員が揃うまで待つこと、和やかな対話から授業を始めること、いくつかの指示をまとめて言うこと等、今まで良いと信じてやってきたことが逆効果であることを知り愕然とした。

一冊読み終わると、次は『続　授業の腕をあげる法則』、次は『いじめの構造を破壊せよ』、『教師修業十年』等々、向山先生の著書を順に紹介してくれた。その中には「実物資料集」もあった。

未だかつて、このように読みやすく、具体的でわかりやすい教育書を読んだことがなかった。行き帰りの電車の中で、学校の空き時間に、夢中になって読んだ。

「身銭を切って学ぶ」、今では当たり前のことだが、「給料を自分自身を高めるために使う」という発想はそれまでの自分には無かった。毎月の本代が数万円になるという仲間の話にも衝撃を受けた。よい本はすぐに手に入れ手元に置いておく。読みたいときに何度も読める、年齢と共に受け止め方が異なるので、一冊の本が何回も楽しめるのだ。

とにもかくにも、小学校異動とともに、劇的な第二の人生が始まったことは事実である。生まれて初めて書いた原稿は「教室ツーウェイ」誌の「若く名もなく」だった。なかなか書けず、家族旅行にもPCを持参し、皆が寝静まってから推敲した。書き直し原稿は百枚を超したが、それでもようやく仕上げることができた。「たった一枚の原稿」に、原稿を書く難しさを教えてもらった。

原稿もろくに書けない自分が、今度は本をまとめることになった。『TOSS音楽授業づくりシリーズ全5巻』だ。「（監修）TOSS・教育技術法則化運動代表　向山洋一（企画）明治図書　編集長　江部満」という豪華な企画だった。

原稿は初めの三行に概要を盛り込むようライターに依頼し、向山先生からも直接指導を受けた。音楽は著作権による制約が大きい。楽譜の引用はアウトだ。曲名の引用はかまわないが、その中で使われている歌詞を数文字使うだけで著作権が発生する。著作権がかかると、本のコストに影響することもこのとき知った。ライターの先生方とのやりとりも根気が必要で、放り出したくなることもしばしばだった。江部満編集長、樋口雅子編集長初め、明治図書のスタッフの方々の励ましやお力があり、「TOSS音楽シリーズ本」は二年をかけようやくの発刊となった。

退職記念シンポジウムで八十歳を過ぎても、なお、やりたいことをもち挑戦し続ける江部さんを知った。ベテランとは名ばかり、原稿を書くのも遅く迷惑ばかりかけ続けた自分である。が、自分もまた江部さんのようでありたいと強く思う。江部さんの大きな背中を追って、私も挑戦し続けたい。

教師人生の出発点となった「教室ツーウェイ」

岩手県　**泉田剛志**

江部満編集長、半世紀という長い間の出版業界でのご尽力とご活躍大変ありがとうございました。教育界でも何万人の先生方が書籍や雑誌等で助けられてきました。感謝の気持ちでいっぱいです。

私ごとになりますが、一九八五年四月に先輩から「教室ツーウェイ」を紹介されました。

今思えば、右も左も分からない若輩者が困っているのを見かねたのでしょう。

むさぼるように読み、追試をおこないました。

勉強不足なので、向山洋一先生のお名前も存じていませんでした。

あれから二十四年。

「教室ツーウェイ」、「現代教育科学」等を拝読し、サークルで学び、TOSSのセミナーに参加し、向山型を学び続けています。

自分が執筆することなども微塵も思っていませんでした。

初めて「教室ツーウェイ」の原稿依頼が来たときには、とても緊張したことを覚えています。

書店で雑誌を手にしたときの感激は忘れられません。

さらに岩手のサークル「TOSS銀河TS」での初出版『教室のやる気UPの朝学習：10分問題集小学五年』を出すときには、うれしい反面問題作成の難しさを痛感しました。

著作権や引用・参考文献ということがきわめて大切だということも学びました。

締め切りの厳守や出版に係わる方のご苦労も教えていただきました。

田舎の小学校教師がこのような機会を与えられることは本当に幸運なことです。

これも江部編集長が向山洋一先生の『斎藤喜博を追って』を出版していただいたことから始まったすばらしいご縁だと思っております。

その後、「江部満編集長」というお名前を拝見したり、エピソードを拝聴したりする中で私の江部編集長像ができてきました。

江部編集長を初めて間近で拝見したのは、ある学会のシンポジウムでした。

向山洋一先生、野口芳宏先生、有田和正先生という御著名な方々がパネリスト。

江部編集長はダンディな出で立ちで、凛とした姿勢。

テーマを深く掘り下げる進行。

ひときわ輝いて見えました。

私の江部編集長像は、外れました。

その後、セミナーのパーティーでのご挨拶を拝聴したり、「現代教育科学」の編集後記を拝見したりするほど、ますます江部編集長を尊敬するようになりました。

「TOSS銀河TS」は明治図書から四冊出版させていただきました。

これからも岩手の地で実践を積み重ねていきたいと思います。

江部満様、これからもセミナーやパーティー等でお元気な姿を拝見したいです。

今後ともご指導、ご鞭撻をどうぞよろしくお願いいたします。

努力の方向性を示してくれたのは向山先生の本だった

愛知県　荻野珠美

一　焦りと不安の教師生活

小学一年生を担任していた、教職二年目の冬。

私は、今後の教師生活に不安を抱いていた。

学級が荒れていたわけではない。若さの特権で、毎日子どもと遊び、楽しく学校生活を送っていた。

しかし、いつまでもこんな日々が続くわけがない。勉強を教える実力がないと、子どもにそっぽを向かれ、教師としてやっていけなくなる。

実力をつけなければ！　でも、どうやって？

そんな焦りと不安を抱える毎日だった。

二　努力の方向性を示してくれた、向山洋一氏

ある日、書店で黄色い本を見つけた。

『いかなる場でも貫く教師の授業行為の原則』だ。著者は、向山洋一氏。

手に取り、まえがきを読んだ時から、本の世界に「ぐいっ」と引きずり込まれた。

さらに、もくじを見て、「ああ、もうこれは買うしかない！」と思った。

帰宅し、一気に読んだ。

読みながら、うれしかった。

「努力の方向性」が見えたからだ。

今まで「がんばりたいけど、どの方向にがんばったらいいのか、分からない」と思っていた。

努力の方向性が見えないことが、焦りと不安の原因だった。

しかし、この本に書いてあるように、向山洋一氏が言うように努力すれば、きっと良くなる！

そういう見通しがもてた。

教師生活に、一筋の光明が差した。大げさなようだが、まさにそんな感じだった。

三　向山氏の教え通りにすれば、道は開ける

著書を読み終えた私は、向山氏のことを、誰かに話したくて話したくて仕方がなかった。

朝学校に行って、信頼している先輩教師に聞いた。

「先生、向山洋一先生って知ってますか？」

「知っているよ。その人は、日本中の教育技術を集めて、役に立てようとしている。その人の方法を勉強したら間違いないよ」

信頼する先輩が「間違いない」と言ってくれた、向山洋一氏の指導法。向山氏の言うように、これから勉強していこう！　私はそう決意した。

それから十年。私は向山氏が代表を務める「ＴＯＳＳ」の愛知県サークルに入り、セミナーに参加し、サークルを作り、活動している。学校でもＴＯＳＳ型で授業、学級経営、生徒指導をしている。

うまくいくときもあれば、そうでないときもある。たとえうまくいかなくても、もう焦らない。不安にならない。向山氏が教えてくれるようにやっていけば、必ず道は開ける。

奇跡に感謝

埼玉県　**長谷川博之**

1. 江部満編集長の言葉

「これだけの会をつくりあげてくれてほんとうにありがとう」

二〇一〇年十一月十三日、日本教育技術学会つくば大会を主催した。私は埼玉事務局の長として、現地茨城事務局長桑原和彦氏の補佐に徹した。

無事に会を終え、懇親会に移動する。私は江部氏や向山洋一氏をはじめ学会理事の方々を先導して歩いた。その時、江部氏がかけてくださった言葉だ。パーティーが始まった後、その場にいた事務局メンバーに伝えた。皆、顔をほころばせた。事務局は「ボランティア」である。見返りを期待して働くわけではない。それでも、こうした労いの言葉がうれしい。

江部氏は私のような名前も実績も無い者に対しても、気さくに声をかけてくださった。

篠ノ井東小学校の公開研究会で授業した時もそうだった。

初めてツーウェイ編集会議に出席した日は、帰路、東京駅までご一緒し、向山氏との出会いや法則化の歴史、国語教育の現状と問題点等について熱く語ってくださった。

執筆した雑誌論文、機関誌論文の感想を、何度もハガキで送ってくださりもした。

「こういう本を書きなさい」「このテーマでどうだろうか」と常に方向性を示してくださった。

江部氏の情の厚さに感動したことは、両手指でも足りないほどたびたびだった。

2. 国語教育への問題提起

「教育科学　国語教育」誌への執筆の機会を、二十回以上いただいた。「現代教育科学」誌にも二十回ほど、「授業力&学級統率力」誌では今年度、連載を持たせていただいている。「もっと書け、考えよ、実践せよ」。毎月届く依頼書から、江部氏の叱咤激励が聞こえてきた。

初めての出版は『黄金の三日間を制する授業準備ノート』（編著、現在五刷）であった。中高向山型国語授業研究会の機関誌を読んだ江部氏から、このテーマで一冊にまとめるよう話があったのだ。「死ぬまでに本を一冊残したい」という高校時代からの夢が実現した。江部氏のおかげである。「国語教育を変えよう」という江部氏の言葉を脳裏に刻んでいる。そのために働き、問題提起をし続けることを誓う。

3．TOSSとの出会い

私は二〇〇〇年に教職に就いた。よって法則化を知らない。初めて手にした向山氏の本は、『授業の腕をあげる法則』であった。新卒一年目の夏、指導教官から紹介されたのである。私はこの本に救われた。救われたから、困っている人がいたらあげている。その数は五十人を超える。

二年目の冬、中学英語の瀧沢広人氏から勤務校に電話があり、翌日サークルを立ち上げた。これがTOSSとの出会いだった。翌年五月にセミナー初参加。向山氏のライヴを体験し心底惚れる。そこからはTOSS一筋でやってきた。これからももちろん、この道を突き進む。

現在も日本中の教師を救い、支え続けているTOSSの活動と書籍群は、向山氏と江部氏、樋口雅子氏との出会いと計り知れない努力によって生み出された。その奇跡に、ただ感謝である。

江部編集長なくして今の私はない

岡山県　小林幸雄

現在の私があるのは、向山洋一氏と江部編集長の存在なくしては考えられない。

初めて大きな仕事を頂いたのは、『法則化・算数教科書学習ゲーム』（明治図書）全六巻であった。教科書の問題を迷路遊びで学習できる画期的な教材であった。岡山から出てきた無名の若い教師に、向山氏がその可能性を見つけ、その才能を引き出してくださったのだ。その陰で、発刊まで責任をもってお世話いただいたのが江部編集長であった。迷路づくしの本は、解答付きで一冊が二百七十頁を超える代物である。単価を下げるため初版六千部、全六巻で三万六千部の初刷りとなった。教育書の初版は、通常千五百部～千八百部が相場である。六千部は、初版で六冊とも同時に、十刷りに相当する。後日、「あの時は、倉庫が山になりましたよ」という江部氏の話を伺った。

明治図書としても異例の決断だったに違いない。期待に違わず、次々と反響があった。売れ行きも好調で、新聞・テレビからの取材も相次いだ。発刊から二十年近く経つというのに、今だに問い合わせがあるほどである。

さて、この出版が縁で、江部編集長から次々と新たなサークル共著の依頼をいただくようになった。また、これまで経験したことのない大きなイベントの依頼も飛び込んできた。

今でも忘れられない第六回教育技術シンポジウムである。当初、秋田での開催を予定していたが、急きょ、岡山での開催となった。「もう頼めるのは岡山しかありませんから」という江部氏の電話の声は、今でもはっきり覚えている。四百名を超えるイベントである。しかも、年末の土曜日開催。あれこれ会場を当たってみたものの岡山大学の体育館しかとれなかった。イベントホールとは異なり、体育館の片づけ、掃除、椅子並べ、ストーブの設置に灯油の配達、学生サークルの放送部に音響設備の手配を頼むなど、サークル員が全て行うという異例づくしのイベントとなった。

ところが当日、参加者の出足が非常に遅く、開演十五分前になっても広い体育館の前方三列〜四列にまばらに人影があるだけだった。血の気の引く思いであったが、開演十分前を過ぎてからは、参加者の列が途絶えることなく続いた。五百名を超えたあたりで、江部編集長から「小林先生、大成功です！」と力強く握手をしていただいた。最終的には、八百名を超える参加があり、当時の新記録となった。ちょうど私が三十四歳のときである。あの時のプレッシャーに比べれば、他のことは、たいしたことないと思えるようになったものである。

その後も江部氏は、一貫して私どもの教育活動にエールを送り続けてくださった。

その一つが、『向山洋一教育実践原理原則シリーズ』（明治図書）全十七巻の発刊である。

また、理科教育の振興にも力を注いでくださった。「楽しい理科授業」が廃刊となった後、「理科は感動だ！」（向山・小森型理科の機関誌）の創刊にも大いに尽力してくださった。

個人的にも、「理科の小林」を全面に打ち出して下さり、あこがれの明治図書から九冊もの単著を発刊させていただいた。教師になったとき、退職するまでに一冊でも本が書けたら…という淡い夢が、実現したのも、全て江部編集長のお陰である。江部氏からいただいたハガキの数々は、まさに私の宝である。

「なかなかの力作ですね。すぐ使える対応術が満載で喜ばれます」「理科の小林先生！という呼び名が広まっており、うれしいです」「ほれ込んでます」「期待の星です」「さっそく拝見、大いに共感しました。ますます力をつけてますね」…このような江部氏の一つひとつの言葉に、励まされ、勇気づけられ、一層の精進を誓ったのである。ライフワークとして理科の振興に邁進したい。感謝！

届いた本を仏壇に供えた

神奈川県　渡辺喜男

「おーっ、本当だ。喜男の名前が書いてある」

その頃、まだ存命で元気だった祖母が、本を手に取り、表紙の執筆者の中に私の名前を見つけて言った。

「これは、めでたい。仏様に報告を」

祖母は、本を仏壇に供え、チーンとお鈴を鳴らすと、手を合わせた。

そこまで大げさにしなくてもとは思ったが、祖母の振る舞いを見ていて、正直鼻高々な自分に悪い気はしなかった。


手元に、茶色に色あせ始めてきている本がある。

『学力の基礎をつくる教師の支援活動　2年』である。

執筆は、「横浜海岸通り」サークル。そのメンバーの中に、私の名前がある。

当時、私は、小松眞氏とともに「横浜海岸通り」サークルの運営を行っていた。二十年程前のことである。

「横浜海岸通り」サークルのメンバーは、明治図書の月刊教育誌にずいぶん原稿を書かせてもらっていた。

サークルでは、原稿の検討が頻繁に行われていたのだった。

そこに、明治図書の江部満氏からの単行本の執筆依頼。

私たちは小躍りして喜んだ。

自分達が書いたものが「本」になる！　本の出版など、著名な実践家の話であって、私たちには夢物語だと思っていたのに、それが実現するのである。

江部氏が示してくれたプロット案に従い、私が、サークル員の原稿分担を行った。そして、原稿を持ち寄り、何度もサークルで検討した。そして、満を持して明治図書に原稿を提出。

そして、記憶から単行本のことが消えた頃、ゲラ刷りが宅配便で送られてきた。校正である。へーっ、こんな風に本はできあがっていくんだと妙に感心し、必死で校正したことを覚えている。

ほどなく、単行本が発刊された。

書店で、私たちの書いた本が書棚に並んでいるのを見た。手にとり、パラパラとめくる。私の書いたことが載っている。私の名前がある。これは、本当に私たちの出した本だ。本当に私たちが本を出版したのだ！

私の祖母は明治生まれ。漢字とカタカナの入り混じった文を書いていた。そんな祖母は、本を出版する人は「博士」「大臣」らとても偉い人だと思っていたのだ。その偉い人の仲間に私はなった。

だからこそ、仏壇に祖母は本を供えてくれたのである。

こんなチャンスをくれた江部満氏に出会えたことを、心から幸運に思う。感謝、感謝である。

江部氏は、それ以降も原稿や単行本執筆の依頼を私にしてくれた。私は、原稿を書くことで、自分の実践を振り返らされ、教師として鍛えられた。

今一度、江部満氏に感謝！

法則化論文との出会い

「これなら、自分にもできる」から「こうして人に伝えよう」まで

山形県　山口俊一

大学を卒業した春、運良く中学校一年生の担任として教師人生をスタートした。

二学期から学級が荒れた。指示が通らなくなった。あれほど、「先生！　先生！」と寄ってきた女の子たちがめっきり近寄ってこなくなった。そして、私は、子どもたちの批判の的となっていった。

「こんなはずじゃなかった。二十倍の難関を一回で突破した自分はエリートのはず」

何度もそんな声が心の中でリフレインしていた。しかし、状況は悪化することはあっても、改善されることはなかった。様々な本を買いあさって読んだ。どれも、すぐに良くなることはなかった。「追試」できるように記された本には出会うことができなかった。

新卒から五年目の冬に出会ったのが、ＴＯＳＳデーで紹介された『授業の腕をあげる法則』であった。そこには「授業の原則十カ条」があった。目から鱗が何枚も落ちた。状況が変わっていくのがすぐにわかった。生徒が動くようになった。しかも、「怒鳴らず」にである。

そこから、明治図書から出版された『向山洋一全集』をはじめ、様々な論文をむさぼるように読んだ。

「追試」という形で、先人たちの凝縮された英知は、

「これなら、自分にもできる」

という自信になっていった。

しかし、今度は、それが「傲慢さ」のもとになっていった。

「俺は、こんなにできるんだ」

これまで悩んでいたことが嘘のように、指示がスムーズに通るようになった。たしかに、私のとった授

業行為や組み立ては、当時の学校では斬新だった。生徒は、生き生きとしていた。

けれど、それは、自分の実力ではなく、他人様の英知を勝手にお借りしただけのものだった。

毎年、三学期になると、授業も、学級も淀んでいった。「追試」するための材料が探せなかったのだ。自信がなくなったまま、四月を迎え、「追試」するものを探そうとするあまり、論文を見つけられない箇所は、自信がなく、不安になった。

そんな頃、TOSSのセミナーに参加するようになった。

法則化運動の最終的な目的は、優れた実践を「追試」することにあるのではなく、「追試」したあとのエピソードを発信したり、「優れた教育思想」を共有することにあると解釈が変化していった。

その時に、初めて原稿の依頼をいただいた。それが「部活は〝生き方指導〟である」の原稿であった。自分が一番自信のある分野であったが、苦労して苦労して書き上げたことを鮮明に記憶している。

初めて、本になった私の原稿、江部満氏の若い教師にチャンスを与えてくださる優しさのお蔭である。

それ以降、自分の実践を、また、向山先生や高段者の先生方の追試をして学んだことを
「こうして伝えよう」

と考えるようになった。自分の中で完結するのではなく、人に伝える形にして教師修業に励むようになった。しかし、そう考えた時、初めて、法則化論文の難しさに気付いたのである。

見開き二ページに、三行で主張を、さらに、追試できるような指示・発問を詰め込む。本当に、実践の核心をついていなければ、ただの作文になってしまう。その上、相手に何も伝わらないどころか、マイナスとなって伝わる可能性も出てくる。その難しさに気付いたのが現在である。

これからの教師修業の目標は、実践を人に伝わる形＝本にして世に出すことである。

プロット審査から初めての出版

大阪府　松藤　司

私がＴＯＳＳの前身である教育技術法則化運動に出合ったのは三十一歳の夏だった。

その後、初めて参加した箱根の夏合宿。そこで私は初めて向山洋一氏と出会い、その後の教師生活を変える大きな衝撃を受ける。

当時、明治図書の関連雑誌には現場の若い教師の論文が載っていた。若い教師の主張する場を作ったのは、明治図書の江部編集長と樋口編集長、向山洋一氏の三人であった。

さらに、その後、二十代、三十代で単著を出せるチャンスがめぐってきた。法則化学級づくりブックレットプロット審査である。私は迷わず応募した。その中の一つ「朝の会・帰りの会の持ち方」が審査に合格した。

多くの若い教師がプロット審査に合格したが、全員が出版にこぎ着けたわけではなかった。挫折し断念した教師も多くいた。百頁ほどの本であるが、一冊の本を書き上げることがいかにむずかしいか、私自身も毎日苦悩の日々を送っていた。

その年の夏休みに入り、朝の八時から机に向かい、四時間必死に頑張ってわずか三頁しか書けなかった。それまで書きためていた学級通信を読み返しながら、私自身の実践を綴っていった。資料がないとうてい脱稿できなかっただろう。

毎日三頁というノルマを自分に課し、来る日も来る日も書き続けた。苦しかったが我慢に我慢を重ねて書き続けた。三十数日が過ぎた日、完成させることができた。

私の原稿は『朝の会・帰りの会の持ち方』というタイトルで明治図書から出版された。多くの教師が私の本を買ってくれた。幸運なことに九版を重ね一万部を突破した。その後も執筆の機会を頂き、現在、十冊の単著、十一冊の編著書を出すまでになった。

江部編集長にお会いすると、いつも笑顔で温かい握手をしてくれる。私のことを「信念を曲げなかった男」と紹介してくれる。大変有り難く思っている。「信念を曲げなかった男」とは？　私と同時期に法則化運動に参加した教師の多くは現在ＴＯＳＳに残ってはいない。最前線を歩んでいた多くの教師はいつの日か、顔を出さなくなっていた。または向山氏に造反し去っていった教師もいた。

私は地道に自分の信じる道を歩んできた。法則化運動に出合って二十六年。もちろん、気力が失せてまったくセミナーに参加できない時期もあった。二、三年続いただろうか。それでも自分の作ったサークル活動は続けた。そんなある年、向山氏が和歌山に講演に来られた。本当に久しぶりに向山氏にお会いした。その時、向山氏はこうおっしゃった。「今日は松藤君に会えてうれしかったよ」。この言葉が再び私を奮い立たせた。たぶん、和歌山での出会いがなければ、私は再び法則化運動に戻ることはなかっただろう。「自分の仕事より人の仕事を優先する」は私の美学である。明治図書の原稿は締め切りまで必ず提出するように心がけている。たぶん江部編集長の「信念を曲げなかった男」という言葉が大きく影響しているのだと思う。

自分の実践を深めるために多くの本を読む。そこから得た理論を再び実践に生かす。この姿勢がなければ教育論文は役立たない。

向山洋一氏と江部氏に育てられた二十六年だった。江部氏の健康とますますのご活躍を祈っている。

法則化運動・最前線の出版企画

東京都　石川裕美

1．若い人に執筆チャンス

法則化運動は、江部編集長の大きなバックボーンがあってこそ、巨大になった。本を媒体にして、教師の技術を正面に据えた共有財産文化が、立ち上がったのだ。

普通の一般の教師が、教育雑誌に毎月、大量な原稿を書くことができる……それまでの教育書では考えられないことだった。それを熱く応援してくださり、多くの若い教師が雑誌で原稿を書くことができた。初期の段階から、江部編集長が編集に対する気概を伝えていただき、何もわからない教師でも、その意義を理解することができた。

法則化運動が、大きく広がり毎年大きなイベントが行われるようになった。そのころ、「本合宿」が開催された。二泊三日で東京のホテルで開催されたのだが、現在のサマーセミナーと同じ重要性を持っていた。

その合宿では、その年の運動の基本的な方針、活動の仕方、論文の書き方や教育実践の交換など、綿密に伝達された。社会の動きと、それに関わって法則化運動がどのように拡大していくか、企画が出されたのである。この合宿は誰でもが参加できるわけではなく、参加条件が細かくあった。

雑誌論文を書いた数や、セミナー「向山先生講演会」への参加回数、サークル参加、研究授業、読書の数など細かく三十項目ぐらいはあったと思う。その中の例えば五つ以上の条件にあてはまる人が、参加できた。各地のリーダーと言うべき人が日本全国から集うことになっていたのである。

とてもステイタスのあるものだった。二泊三日であるにもかかわらず、毎年百名前後の人が参加していたのだから、すごい。

私は何回か事務局をやったが、相当大変な仕事だった。食事の数、宿泊の数など、調整が大変だった。

2．出版企画

この中のスケジュールに「出版企画」という講座があった。これは忘れられない講座だ。参加者は、自分が出版したい企画をレポートにして、検討してもらうのだ。江部・樋口両編集長が、厳しく審査をしてくれた。

江部編集長には、とくに企画を熱心に読んでいただき、「これには、主張がない」「もっと提案性がほしい」「現在社会の先端の課題をもっと入れて」などのコメントが本当に勉強になった。

企画会議は熱を帯びていて、次々とコメントをされて、レポートはなかなか合格にならなかった。これに合格することをめざして、みんな挑戦した。合格すると、会場が「おーっ」と沸き、みんな尊敬のまなざしになったものだ。本当にすごいと思ったものだ。

それから、二十年近くたち、「ＴＯＳＳ」に脱皮した。

江部編集長の出版にかける熱意は変わらず、出版にかける熱をおびていった。

中央事務局となり、セミナーでお会いしたりするたびに、激励をしてくださり、声をかけてくださったり、「同志」とも言ってくださることもあった。セミナーの懇親会での昔のお話は、そのたびに心に強く響き、こんなにも長い間、気概をもって編集をされていることを、本当に尊敬している。出版の機会もくださったのに、私の怠惰でなかなか実現しなかったことが、もうしわけないことである。

法則化運動初期からの参加者も大事にされ、いつも大きな激励をいただいた。

法則化運動と江部編集長との出会い

静岡県　杉山裕之

1　「同志の皆さん」と呼びかける

「同志の皆さん」と懇親会の席上でスピーチ冒頭に呼びかける江部満編集長が私は大好きだ。

二十世紀から二十一世紀にかけて、さらに、おそらく、千年紀をかけて残る教育運動のまっただ中に自分自身が身を投じることができた幸せを感じている。それも大きな研究団体に全く属していなかった向山洋一先生の実践と主張を取り上げ、問題提起をし続けた江部編集長（そして、樋口雅子編集長）がいなければ、この教育運動は生まれなかったであろう。また、ここまで巨大になることはなかったであろう。「教育技術の法則化運動」がＴＯＳＳとメタモルフォーゼをし、ＴＯＳＳだけを知っている世代にしてみれば、立ち上げに夥しいエナジーが投下されたことは知る由もないだろう。しかし、法則化運動立ち上げから関わった私にとっては、多くの同志の絶え間ない努力の中で今があることは「奇跡」だとも思うし、これだけの「熱」が投下されたのであるから、「必然」だとも思う。

2　法則化通信を書き続ける

法則化運動立ち上げ時、向山洋一氏が「教育技術の法則化運動　事務局通信」を一人で書き続けていた。これにより、法則化論文のランキングが発表され向山氏が京浜教育サークルの面々十数人と立ち上げた論文は広く集まり、九百五十二本という未曾有の第一期論文が集まったのである。「技術や技能の定義」も通信の中で向山氏から示された。そして、また、「法則化運動の基本方針」も示された。これらは、そのまま、『授業の腕をあげる法則』などで向山氏が主張し、全く新しい「教育運動」として教育界をリードすることとなった。向山氏の通信に触発され、私は、法則化サークルを作りサークル通信を書き続けることになる。全国のその当時まだ数少ない「同志」もサークル通信を書き始めていた。一番有名だったのは根本正雄氏の「千葉弥生会通信」。向山先生の千葉大学での講義のテープ起こしや根本氏による分析が示され、超一級の情報があった（これは、のちに『教師修業シリーズ　向山洋一大学での講義　学校論』として出版）。私たちのサークル「清水『昴』」通信も一九八四年の立ち上げ時から十年間で千号を書くにいたった。法則化通信は江部編集長に送り続けていた。この通信がもとになり、『「追試」で国語は楽しくなる』（法則化双書　杉山裕之編著）が出版される運びとなった。こうした中、江部編集長も何と「通信」を出し始める。残念ながら、この現物が今私の手元にない。記憶を辿れば、「全国縦断教育技術の法則化講演会」の企画やその案内があったり、編集者としての問題提起があったりと明治図書という出版社の編集長という枠を超えた「志」が江部氏の中にあったように感じる。

3　同時代に生き、同時代に教育運動に身を投じる

「明治図書だからと言って一緒にやっているのではない。江部さん、樋口さんだから一緒にやっているんだ」。日本の教育界を向山氏とならなら変えることができるという江部（樋口）編集長の強い志があったからだと感じる。

明治図書連合雑誌に「教育技術の法則化論文」募集広告を大々的に出すことを皮切りに、有田・向山立ち会い授業、そして、「法則化」関係の数々の出版を通して、「新しい時代の新しい教育文化運動」を創り上げるまさに「編集」者が江部満氏であった。

江部氏と同時代に生き、同時代に教育運動に身を投じていることに心より感謝する。そして、「日本の子どもたちの今と未来」に向けさらにこの運動を大きくしていく。それが、「同志の皆さん」と語りかけてくれる江部編集長への恩返しでもあると考える。

あとがき

編集会議の後の食事の席で、江部編集長のお話をお聞きするのがとても楽しみでした。編集会議の話題は、教育界の歴史をつくってきた方や出来事について話が飛び交いました。そしてそれらの出来事に江部編集長が深く関わっていることを知りました。

中でも、江部編集長と向山先生との出会いの話はワクワクしました。若き無名の向山先生が全国に名前を轟かせるまでの様々な出来事はまるで映画を見ているようでした。

また、自分が身を置いている教育現場のまわりに、現場を支えたり、方向づけたりする力がある事を知りました。

江部編集長と向山先生の出会いがなかったら、ＴＯＳＳも今とは違ったかたちだったかも知れません。江部編集長と向山先生との出会いは、私たちにも多くのチャンスを分けてくれました。

新卒の頃、読んでいた「国語教育」誌の原稿を書かせていただいた時はうれしく、かなり友達に自慢しました。新卒の頃は落ちこぼれでしたから、仲間はさぞかし驚いたことでしょう。初めて書かせてもらった原稿のことはいまでもはっきりと覚えています。

授業技量検定でのイソップの授業は「国語教育」誌に連載させていただきました。「国語教育」誌に連載するなど、自分の人生のシナリオにはあり得ない事でした。月に四ページの連載は自分の力量よりはるかに高いハードルでした。一年間の連載を終えた時、大きな自信となりました。江部編集長から頂いた大きなチャンスでした。ＴＯＳＳには、私と同じ様に大きな学びのチャンスを頂いた方がたくさんいることでしょう。

江部編集長のご退職にあたり、業績を残そうと動き始めました。セミナーをして、シンポジウムで江部編集長の業績を浮かび上がらせることとなりました。向山先生、明石先生、樋口編集長は即断即決でした。その場で、日程を調整し敬老の日に決まりました。

出版を前提のセミナーです。その場で、江部編集長にお世話になった先生方に原稿を書いて貰う様に向山先生から指示がでました。

原稿依頼すると、驚くほどたくさんの先生からすぐ原稿が届きました。江部編集長が多くのＴＯＳＳ教師達とつながっていることが分かりました。

江部編集長と先生方一人一人に、私と同じ様なドラマがある事でしょう。江部編集長は私達とともに歩いてくださったと同時にギネス認定の快挙を成し遂げました。江部編集長への感謝の気持ちと同時に日本の教育界をリードされてきたことも記録にとどめました。

二〇一二年三月

ＴＯＳＳ中央事務局　師尾喜代子

ＴＯＳＳ編集委員会

師尾喜代子
雨宮　久
平山勇輔
阿妻洋二郎
平山　靖
加藤大揮
太田雅之
丸山貴史
堂前直人
竹原孝太朗
増井　唯

江部 満（えべ みつる）

昭和4年12月11日　東京・新宿生まれ
その後、埼玉県川口市に転居
昭和17年3月　川口市立第二小学校卒業
17年4月　埼玉県立川口工業学校入学
二年生の時、陸軍少年飛行兵志願
昭和20年8月15日　天皇「終戦の詔書」が放送される
8月17日　アルバイトとして退職
（特攻兵は全員絞殺との占領軍の方針）
その後、22歳から5年4か月間GHQ勤務
（特に、教育長指導主事連盟の公務担当。その間法政大学文学部夜間卒業）
昭和32年3月　明治図書入社　54年間務め平成23年3月退社
平成23年9月　54年間同じ編集の仕事に就いたことがギネスに世界記録と認定される

教育《きょういく》の不易《ふえき》と流行《りゅうこう》　江部満《えべみつる》 編集者《へんしゅうしゃ》の歩《あゆ》み

ギネスで世界一《せかいいち》に認定《にんてい》された編集長《へんしゅうちょう》

2012年4月20日　初版発行

編著者　TOSS《とす》編集委員会《へんしゅういいんかい》
発行者　青木誠一郎
発行所　株式会社 学芸みらい社
〒162-0833 東京都新宿区箪笥町43番 新神楽坂ビル
電話番号 03-5227-1266
http://www.gakugeimirai.com/
E-mail : info@gakugeimirai.com
印刷所・製本所　藤原印刷株式会社
ブックデザイン　荒木香樹

ISBN978-4-905374-06-0 C3037